LE CHATEAU DES PYRÉNÉES

PAR

M. FRÉDÉRIC SOULIÉ.

III

PARIS,
AU COMPTOIR DES IMPRIMEURS-UNIS,
QUAI MALAQUAIS, 15.

1843.

LE CHATEAU
DES PYRÉNÉES

Ce roman ne pourra être reproduit qu'avec l'autorisation de l'éditeur.

LE CHATEAU

DES PYRÉNÉES

PAR

M. FRÉDÉRIC SOULIÉ.

III

PARIS,
AU COMPTOIR DES IMPRIMEURS-UNIS,
QUAI MALAQUAIS, 15.

1843.

XII

— Mon oncle ! s'écria le chevalier, en voyant paraître le baron de la Roque.

— Pierre, dit vivement le baron en s'adressant au soldat, Jean Couteau, ton père, veille à deux pas de cette maison, de façon à ce que personne n'en puisse approcher. Va te joindre à lui, il a le mot de passe pour ceux qui doivent se présenter.

Pierre Couteau sortit et le baron de la Roque se tourna vers son neveu et il lui dit :

— Par la mort-Dieu! mon neveu, je ne m'attendais pas à vous trouver en ce lieu, ni en si aimable compagnie, après ce qu'on m'a dit de vous. Aussi, au moment d'entrer, j'ai été si fort surpris de vous voir là, que j'ai passé à trois fois devant la porte, pour être bien sûr que ce fût vous. Ne pourriez-vous envoyer ailleurs cette demoiselle, car nous avons à causer de choses plus graves que de galanterie ?

— Monsieur, dit le chevalier en s'adressant à son oncle, mademoiselle est la fille de M. le conseiller Barati; un malheur que je ne puis vous dire l'a amenée en ce lieu, et nous allions le quitter lorsque vous êtes entré.

— Ah ! diable ! dit le baron, c'est la demoiselle Barati? C'est tout différent; qu'elle reste, qu'elle reste.

Cependant, d'Auterive regardait le baron avec le plus grand étonnement et en même temps avec la curiosité la plus inquiète. Depuis quelques heures, il vivait au milieu d'événemens si précipités, si extraordinaires, qu'il se demandait si l'arrivée du baron de la Roque ne se rattachait pas à cette vaste association dont tous les membres étaient inconnus les uns des autres. Il hésitait à lui faire une question et le regardait fermant tranquillement la porte et les fenêtres, barricadant le tout avec un soin extrême et avec une exacte connaissance des lieux.

— Que faites-vous donc, mon oncle? dit d'Auterive.

— Je m'assure contre la visite de quelques curieux, car nous avons besoin d'être seuls avec ceux qui vont venir, et puisque mademoiselle est ici, elle voudra bien assister à notre entretien.

Le chevalier baissa la voix et dit au baron :

— Je n'ai aucune idée de ce que vous allez me dire, monsieur, mais je crois devoir vous avertir que cette maison est pleine de gens qui peuvent venir ici d'un instant à l'autre.

Le baron regarda d'Auterive comme pour deviner sa pensée.

— Vous êtes pâle, mon neveu ; auriez-vous peur, vu que le parlement s'est un peu mêlé de nos affaires ?

— Mon cher oncle, répartit d'Auterive avec un air de dédain, quelqu'un de ceux qui sont ici m'a fait planter un coup de couteau qui, s'il n'eût rencontré une côte, m'eût troué le cœur tout net. Quoique le coup ne soit pas dangereux, la douleur n'en est pas moins assez vive pour que je pâlisse.

Le baron parut éprouver une surprise triste, mais qui semblait s'adresser à tout autre chose qu'à la blessure du chevalier.

—Quelqu'un de ceux qui sont ici t'a frappé, chevalier, reprit-il ; qu'as-tu donc trahi ?

— Il vous importe peu, mon oncle ; mais si vous voulez m'en croire nous sortirons à l'instant de cette maison, ou du moins vous me permettrez d'en sortir avec mademoiselle, pour qui, vous le comprenez comme moi, ce n'est pas un asile convenable.

— Ceci était vrai, reprit brusquement le baron, quand elle y était avec un godelureau comme vous ; mais ma présence est un chaperon suffisant. D'ailleurs, monsieur mon neveu, si la demoiselle ici présente est la demoiselle Barati, comme vous le dites, elle avait pour se retirer, après l'arrestation de son père, vingt autres endroits plus convenables que celui-ci. Il faut donc qu'elle y ait été amenée par des motifs que je veux savoir.

— Monsieur, cette demoiselle est sous ma

protection, et quelque respect que je vous doive, je ne souffrirai pas...

— Doucement, monsieur mon neveu, dit le baron en regardant le chevalier avec une expression toute particulière ; ne criez pas tant : vous savez peut-être l'adage des Arabes : *La parole est d'argent, mais le silence est d'or.*

D'Auterive recula, et, regardant de même le baron en lui présentant la main ouverte, il répartit :

— Sans doute ; mais il arrive une heure où l'on peut retourner l'adage, et dire que la parole est d'or.

— Et l'heure est venue! s'écria bruyamment le baron en frappant dans la main de son neveu : tous ceux de l'association vont venir tout à l'heure ici. Nous pouvons frapper le grand coup maintenant.

D'Auterive ne comprenait pas trop, mais baron continua :

— Ce qui nous manquait, c'était de l'argent. Eh bien! maintenant, mon neveu, nous en avons par sacs, par tonneaux, par montagnes. Les souterrains de la Roque en regorgent; nous partirons tous cette nuit pour la montagne, chacun prendra tout ce qu'il pourra emporter, et avec cela...

— Le baron lança au plafond un regard énergique, et d'Auterive, que les mots monceaux d'or ramenèrent à l'idée des faux-monnayeurs, reprit la conviction que le baron était de la société.

Celui-ci, à qui sa joie donnait une espèce de délire, reprit tout à coup :

— Et ceux de là-haut, en sont-ils ?

— Tous, dit le chevalier.

— Les connais-tu ?

— M. le duc de N..., la duchesse..., monseigneur l'évêque de C...

— Ce n'est pas possible! s'écria le baron; le duc...! l'évêque de C...!

— Certes, ce sont de plus grands seigneurs que nous, mais nous sommes d'aussi bonne noblesse qu'eux, et ils peuvent fort bien être de l'association dont nous sommes.

— Nous parlons grec, mon neveu; ils n'ont pas le même intérêt que nous; le duc de N... et surtout l'évêque de C... nous feraient brûler vifs s'ils soupçonnaient la vérité.

Que dites-vous, mon oncle? Nous brûler vifs! mais si un tel supplice était réservé à un tel crime, ils seraient les premiers à monter sur le bûcher.

— Non, non, ils ne monteront pas sur le bûcher, ce sont gens qui savent prendre leurs précautions. Si l'affaire réussit, ils en prendront la meilleure part; si elle manque, c'est nous qui paierons les pots cassés.

— C'est ce que nous n'avons pas à craindre, mon oncle; je tiens en mes mains la preuve de la participation au crime, et, maintenant que l'affaire est découverte, il faut qu'ils nous sauvent ou périssent avec nous.

— Que dites-vous là, l'affaire est découverte? Mais quelle preuve en avez-vous?

— Eh pardieu ! l'arrestation de Barati.

— Il n'en est point.

— Je le sais, mais on le soupçonne.

— Je le conçois, sa conduite au parlement lors de la révocation de l'édit de Nantes...

— Mais, mon oncle, nous parlons hébreu, à présent. Que diable la révocation de Nantes a-t-elle à faire en tout ceci ?

Le baron regarda son neveu avec stupéfaction et défiance.

— Parmi ceux qui sont là-haut, n'y a-t-il point des gens de la religion ?...

— Ma foi, mon oncle, répartit d'Auterive, je crois que la religion n'a rien à voir à pareille affaire, et, autant que j'en puis juger, ce sont tous fort bons catholiques.

— En ce cas, mon neveu, nous parlons plus que grec ou hébreu, nous ne nous entendons point du tout.

— J'en ai peur, mon oncle, dit d'Auterive.

— Mais enfin, pourquoi es-tu dans cette maison?

— Vous me permettrez, mon oncle, de vous demander d'abord pourquoi vous y êtes venu.

— Me prenez-vous pour un traître, chevalier ?

— C'est ce que j'allais vous dire quand vous m'avez adressé votre question.

Comme ils disaient ces paroles, la femme Vergnes parut à la porte et leur dit :

— Monsieur le chevalier, on s'impatiente là-haut ; il faut prendre un parti. Partez, c'est le plus prudent, car le duc prétend qu'il eût fallu en finir sur le champ avec vous, au risque de ce qui pourrait en arriver.

— Tu as raison, ma fille, dit le chevalier ; seulement, rassure la duchesse, dis-lui que je possède les papiers en question et qu'elle n'a qu'à faire de s'inquiéter des fureurs de M. le duc.

— De par tous les saints, dit le duc, qui avait suivi Rosine et qui se précipita l'épée à la main dans la chambre, vous ne nous quitterez pas ainsi, monsieur d'Auterive.

— De par tous les diables, fit l'évêque de C..., en avançant à son tour, il nous faut les papiers.

Le chevalier ne se trouvant plus seul et sûr de pouvoir appeler Jean et Pierre Couteau à son secours, pensa que ce qu'il avait de mieux à faire, pour lui et pour ses complices, était de détruire toute trace de leur association en donnant la cassette au duc.

— Voici, lui dit-il, qui vous sauve et qui doit nous sauver tous ; tous, vous m'entendez bien, monsieur le duc? et n'oubliez pas que si une seule personne était oubliée dans la grâce générale, fallût-il donner ma vie à sa vengeance, je n'hésiterais pas à le faire.

— Tout cela est arrangé par une intervention meilleure que la vôtre, dit le duc. M. de C... est un intermédiaire que je pouvais écouter ; il a ma parole.

L'évêque fit un signe d'assentiment.

— Dépêchons, mon frère, dit-il en même temps; anéantissons ces papiers.

— Rosine, dit le duc, apporte un brasier et préviens les personnes qui sont là-haut que nous tenons notre salut dans nos mains ; qu'elles ont le droit d'assister à cette cérémonie.

Pendant ce temps, le baron s'était approché du chevalier et lui dit tout bas :

— Je le jure sur mon âme, je n'aurais jamais supposé que le duc pût être aussi de l'affaire.

— Lui et bien d'autres, mon oncle.

— Monsieur de la Roque aussi ! s'écria le duc d'un air presque joyeux ; mais toute la province en était donc ! Ma foi, baron, je m'étais imaginé qu'on s'était passé de vous et qu'on avait pris votre château, sans que vous vous en fussiez douté.

Le baron prit un air rogue, et son neveu, qui, malgré l'air radieux du duc, craignait quelque méprise et quelque catastrophe, lui dit tout bas :

— Taisez-vous.

— Mais par la mort-Dieu ! s'écria le duc, quelle est cette jeune fille qui se cache là-bas dans ce coin ?

— Monseigneur, dit rapidement d'Auterive, c'est celle à qui nous devons tous notre salut, celle qui a soustrait ces papiers de chez son père.

— Mademoiselle Barati! s'écria le duc.

— Et qui n'est venue ici que pour me remettre ces papiers.

Le front de M. N... se rembrunit.

— Chevalier, elle en sait plus qu'il n'en faut, ce me semble.

— La vie de son père est dans nos mains,

reprit le baron, et nous répond de son silence.

— C'est vrai, c'est vrai ; mais voici venir madame la duchesse, mon frère, M. de Frias, et...

— M. de Frias vivant ! s'écria le baron en reculant.

— Le baron de la Roque ici ! s'écria M. de Frias.

Ces deux exclamations se perdirent d'abord dans le bruit de la voix du duc, qui continua à annoncer les personnes qui entraient ; mais probablement une explication allait immédiatement avoir lieu, lorsqu'un coup frappé à la porte extérieure jeta toute l'assemblée dans une attente pleine d'inquiétude.

Le baron de la Roque seul dit :

— C'est Jean Couteau, c'est un ami, un frère.

Il alla vers la porte, et Jean Couteau, avançant la tête et parlant à voix basse, se mit à dire :

— C'est un groupe de sept ou huit personnes qui ont demandé à entrer, en disant comme mot de passe : *Le silence est d'or et la parole est d'argent.*

— C'est le reste de la troupe, dit le duc, faites entrer. J'avoue que je suis curieux de voir tous nos confrères, et surtout de connaître enfin celui qui a si bien noué cette association, que lui seul était notre maître à tous.

Le baron de la Roque, demeuré à la porte, fit entrer l'un après l'autre cinq ou six hommes; le premier, en apercevant le duc, s'écria : C'est une trahison ! et il voulut mettre l'épée à la main.

— Hé! reprit le duc en riant, monsieur de Lancy ? Tudieu! pour un homme de la religion qui attaque la moralité de notre sainte foi, vous me semblez avoir fait bon marché de vos principes.

D'autres entrèrent, le duc les nomma tous par leur nom et se mit à les plaisanter, tandis que ceux-ci, rassemblés autour de M. de la Roque, lui disaient à voix basse :

— Êtes-vous sûr de ne pas nous avoir amenés dans un piége ?

— En tout cas, dit le baron de la Roque, nous sommes armés, aussi nombreux qu'ils le sont, et nous verrons si l'on nous prendra aussi facilement qu'on le croit. D'ailleurs, il tient l'acte d'association, et encore vaut-il mieux que d'Auterive le lui ait remis ici que dans son palais.

— Silence, messieurs, fit tout à coup le duc; ne jouons pas la comédie entre nous, je vous prie; ce qui est fait est fait. Seulement, puisque l'affaire est découverte, le meilleur est d'en finir et de nous mettre tous à l'abri d'une trahison en détruisant cet acte.

Le duc en parlant ainsi posa la cassette sur la table et s'écria :

— Par l'enfer! cette cassette a été ouverte, le cachet est brisé.

— Qu'importe, dit l'évêque de C..., si les

papiers s'y trouvent, si la serrure est fermée. C'est un accident.

Le duc, armé d'un poignard, fit sauter la serrure et vit en effet un cahier dont chaque feuillet était plié et cacheté. Il le tira et le montrant à toutes les personnes présentes, il dit :

— Le voici, messieurs; le reconnaissez-vous ?

Le cahier avait une couverture sur laquelle étaient dessinés divers signes. Tout le monde se précipita, et tout le monde, les nouveaux venus comme les autres, déclarèrent que c'était bien sur un cahier pareil qu'ils avaient mis leur signature.

Le duc le garda et, entr'ouvrant le premier feuillet, il dit :

— Vous savez, messieurs, qu'en cas de rupture de la société, soit de commune volonté, soit pour cause de force majeure, l'acte lui-même règle le partage des sommes qui pourront appartenir à la société.

Le baron de la Roque et les siens, en entendant cela, se regardèrent d'un air étonné. Cependant une idée soudaine parut frapper le baron, et il murmura tout bas :

— Ce sont eux !

Mais le duc avait déjà porté les yeux sur la page qui enfermait, disait-il, ces dispositions. A peine en eut-il lu quelques lignes, qu'un étonnement extrême, une colère soudaine éclatèrent sur son visage.

— Qu'est ceci! s'écria-t-il d'une voix éclatante. Un acte d'association pour profiter de la mort du roi et des dispositions du régent, afin de rétablir la religion ! Un complot contre l'état, messieurs! un crime !

A cette déclaration, le baron de la Roque et ceux de son parti se groupèrent dans un coin, tandis que le baron, à qui l'entretien qu'il avait eu avec d'Auterive avait fait soupçonner que le duc était compromis dans une affaire grave, et à qui les paroles du duc sur le partage à faire avaient en partie révélé la nature de cette affaire, s'écriait :

— Que comptiez-vous donc trouver dans cette cassette, monsieur le duc? Ah! c'était donc l'acte d'association des...

— Silence, de grâce! fit d'Auterive, qui comprit alors que le baron, ayant fini par découvrir ce qui se passait dans les souterrains immenses qui se trouvaient sous son château, avait voulu faire servir à l'accomplissement du complot des religionnaires les richesses des faux-monnayeurs.

— Bas les armes, messieurs! reprit le duc; bas les armes! vous êtes mes prisonniers.

— Pas encore, répondirent-ils en tirant leurs épées.

— Monsieur d'Auterive, dit le duc en s'armant aussi, je vous demande main-forte; je considérerai comme rebelle quiconque ne m'aidera pas à m'emparer de ces misérables!

Dans l'emportement de son zèle, et peut-être de sa haine contre les protestans, le duc oublia qu'il eût dû penser à sa sûreté plutôt qu'au châtiment des coupables, et un engagement sanglant allait commencer, lorsque, tout à coup, la porte extérieure fut ouverte avec fracas, et Jean Couteau, le visage pâle, bouleversé, le corps tout tremblant, se précipita dans la chambre en montrant la porte et en disant d'une voix étouffée et saccadée :

— Le voilà qui vient! le voilà!

— Qui donc? s'écria-t-on de tous côtés, probablement avec une égale terreur.

— Lui! le mort! le sorcier Pastourel!...

XIII

Au même instant, le berger que nos lecteurs connaissent sous le nom de Pastourel parut à la porte. Il était vêtu d'une longue cape brune et portait sa houlette armée de fer, sur laquelle il s'appuya; puis il promena un regard tranquille sur toute l'assemblée.

Le duc fit un mouvement de terreur en apercevant le visage pâle du berger, et quelque exclamation soudaine allait trahir sans doute le secret de cette terreur, lorsque Pastourel lui fit un signe par lequel il lui ordonnait le silence. Puis il dit d'une voix calme, mais imposante :

— Remettez vos épées dans le fourreau, messieurs! Rosine! apporte ici le brasier. Monsieur le duc, jetez-y les papiers que vous tenez.

Le duc hésita. Pastourel tira de dessous

son manteau une cassette absolument pareille à celle qui avait été remise au duc et en tira une liasse de papiers dont l'enveloppe était exactement semblable. A cet aspect, le duc obéit, et Pastourel, l'imitant, jeta de même dans le brasier les papiers qu'il avait apportés.

— Messieurs, dit-il pendant que les papiers brûlaient, il n'y a plus ici de crime, ni d'un côté ni de l'autre. Monsieur le duc, vous n'avez rien lu; baron de la Roque, vous n'avez rien deviné.

— Soit! dit le duc.

— Volontiers, dit le baron.

— Messieurs, reprit Pastourel en s'adressant aux autres personnes, retirez-vous avec la plus parfaite confiance sur les suites de cette affaire : il n'y a plus aucune trace.

— En êtes-vous sûr? dit le duc avec respect.

— Je vous l'affirme.

— Comment diable voulez-vous, s'écria le baron, que je croie à la parole d'un gardeur de moutons !

— Comte de Frias, reprit Pastourel, dites à cet homme qu'il peut me croire.

— Et je pense qu'il fera bien, dit le comte, à moins qu'il ne se soucie d'entendre évoquer le souvenir de l'hospitalité qu'il m'a si singulièrement offerte il y a quinze ans.

— Vous avez raison, dit le baron en baissant la tête. Mais, pour Dieu! dussé-je le payer de ma tête, je veux savoir le mystère de ce que j'ai vu l'avant-dernière nuit en mon château.

— Ne le souhaitez pas, dit Pastourel.

— J'ai dit que j'y engageais ma tête! D'ailleurs, si je n'en avais pas le cœur net, je n'oserais plus rentrer chez moi.

Et vous n'y rentrerez jamais. Le château de

la Roque est brûlé jusqu'au ras du sol à l'heure qu'il est.

— Mon château incendié! s'écria le baron. Et qui a fait ce crime, qui m'a dépouillé de ma dernière ressource?

— Qui a pu ainsi anéantir les immenses richesses qui étaient encore enfouies dans les souterrains? fit le duc.

— Moi! dit Pastourel; et quand vous en saurez la raison, vous m'en remercierez l'un et l'autre. Le parlement peut y envoyer, s'il le veut maintenant: il n'y trouvera ni les armes et les munitions que vous y amassiez, messieurs de la religion, ni les machines qui vous servaient à faire de la fausse monnaie, messieurs de la noblesse. Laissez-moi, messieurs, avec M. le duc et M. le baron de la Roque ; nous avons à nous parler.

Alors, s'adressant à chacun en particulier, il dit d'abord au chevalier :

— Monsieur d'Auterive, vous pouvez reconduire mademoiselle Barati chez elle ; son père ne tardera pas à être mis en liberté, car rien ne l'accuse. Monseigneur de C..., il faut que vous soyez demain matin en votre palais épiscopal, que vous n'avez pas quitté. Comte de Frias, votre fils vous attend pour s'embarquer avec vous.

— Don José! reprit le baron. Non! non! il me doit un compte sanglant!

— Monsieur d'Auterive, reprit Pastourel en jetant sur le baron un regard menaçant, le devoir que je vous impose une fois rempli, je vous conseille de profiter d'une permission de voyager à l'étranger que M. le duc vous accorde.

Puis s'avançant vers la duchesse, il lui dit :

— Madame la duchesse, on vous attend à votre hôtel ; vous y donnerez vos ordres pour une grande fête qui aura lieu demain.

La duchesse, qui n'avait pas quitté Pastourel des yeux depuis qu'il était entré, lui dit tout bas et avec soumission :

— Soit, monsieur ! soit ! mais plus tard...

— Faites ce que Dieu vous inspirera, répartit Pastourel.

Tous sortirent après avoir ainsi reçu un ordre ou un avis de la bouche de Pastourel. Et alors il demeura seul avec le baron de la Roque et le duc de N... Leur entretien dura jusqu'au lendemain.

Nous profiterons une fois encore des priviléges du romancier pour franchir les temps comme nous avons franchi l'espace, et nous retournerons au vieux château de la Roque ou plutôt parmi ses ruines.

Seize ans s'étaient écoulés depuis le jour où les deux associations dont nous avons parlé avaient été si brusquement dispersées, et le souvenir de cette affaire était tout à fait effacé. Le bruit de l'accusation portée par M. de Fourvières avait, à la vérité, circulé dans le public, mais l'inutilité des recherches faites par le parlement, soit chez Barati, soit chez d'Auterive, avait fait considérer cette accusation comme une lubie du président, et la fameuse dénonciation anonyme comme une mystification.

L'incendie du château de la Roque coïncidant avec cette accusation, avait paru d'abord une preuve de la réalité du crime ; mais lorsqu'on apprit que le château avait été surpris, saccagé et brûlé par les bergers de la montagne, on n'y vit qu'une vengeance des persécutions que le baron avait fait subir aux fabricans de draps de Lavelanet ; et, soit qu'une autorité supérieure ou une influence secrète eût fait taire la première ardeur du parlement à poursuivre cette affaire, soit toute autre cause, toujours est-il qu'on n'y donna point de suites ; trop de gens d'ailleurs étaient intéressés à ce que tout cela tombât en oubli, pour qu'il en fût trop parlé.

De vagues accusations circulèrent, des insinuations qui s'adressaient encore plus haut que le duc de N... furent faites dans quelques réunions du parlement; puis on mêla à cette histoire des circonstances de sorcellerie, des apparitions de revenans, et enfin, au bout de quelques années, il n'en resta qu'un souvenir si vague que personne n'eût pu dire véritablement ce qui s'était passé.

Cependant la plupart des principaux personnages avaient successivement disparu du monde.

Ainsi, l'on n'avait jamais entendu parler du comte de Frias ni de son fils don José.

Le duc de N..., après s'être démis de son gouvernement, était retourné à Paris. Mais comme il n'y avait point alors de gazette pour annoncer les réceptions faites chaque jour par le roi ou par le régent, ce n'avait été que long-temps après qu'on avait appris que la duchesse n'avait point reparu.

D'un autre côté, Barati, après avoir repris sa place au parlement, avait successivement vendu tous les biens qu'il possédait; il s'était défait au bout d'un an de sa charge de conseiller et avait quitté Toulouse avec Clémence. On savait aussi qu'il s'était retiré à Paris; mais il s'y était si bien caché qu'on n'en avait plus entendu parler.

On savait de même dans le pays que d'Auterive avait hérité de quelques biens qui lui avaient été légués par un grand oncle paternel avec le titre de comte. On le savait attaché à la maison du roi et marié ; mais on ignorait quelle femme il avait épousée.

La seule personne qui n'eût point quitté le pays, c'était le baron de la Roque. Cependant, il n'était point retourné à la Roque, comme il en avait d'abord manifesté le dessein, et il n'avait point fait rebâtir son château à l'endroit où le premier avait existé. Sa nouvelle habitation se trouvait à plus d'une demi-lieue de l'ancienne et dans un site beaucoup moins sauvage.

C'était bien encore la maison du seigneur qui constate sur la pierre ses droits seigneuriaux; à chaque angle de l'énorme bâtiment se trouvait bien une tourelle ; mais l'une des tourelles était la cage d'un escalier dérobé, la seconde servait de fruitier ; ainsi des deux autres. On avait creusé de très larges fossés devant la principale façade du château moderne, mais ils étaient tapissés d'espaliers et plantés en potager.

Enfin, le baron de la Roque n'avait guère conservé de tous les vestiges déjà bien effacés quinze ans auparavant de sa puissance seigneuriale, que le privilége du pigeonnier, privilége qu'il trouvait jadis fort méprisable, et le droit de chasse sur toutes les forêts environnantes, droit assez inutile, car son âge et plus encore une cruelle infirmité lui interdisaient cet exercice.

Le baron de la Roque était aveugle. Sa fille Charlotte le soignait avec un devoûment dont l'humeur bizarre du vieillard ne lui tenait pas toujours compte.

Quant à la mère de Charlotte, la baronne de la Roque, elle avait également disparu du monde, quoiqu'on connût le lieu de sa retraite.

Galidou, accusé d'avoir été le premier instigateur de l'incendie du château du baron, avait passé en Espagne, et jamais son père n'avait paru s'inquiéter de ce qu'il était devenu.

Le père Gali était mort, et sa fille Catherine, après avoir hérité de tous ses biens, avait épousé Pierre Couteau, dont la tournure cavalière l'avait séduite.

Quant au vieux Jean Couteau, il vivait chez son fils, dont il menait paître les troupeaux sur la montagne, car Pierre continuait le commerce de laines et de draps de son beau-père.

Mais jamais et à aucun prix on eût pu décider Jean Couteau à conduire ses troupeaux dans ce même pâturage où il avait vu tomber Pastourel, et lorsque la nécessité de ses affaires le conduisait seulement en vue des ruines du vieux château, il n'y passait qu'en tremblant et en se protégeant contre leur voisinage par des signes de croix et des prières ardentes.

Nous serons plus braves que Jean Couteau, et nous accompagnerons à cette ruine un cavalier de vingt-huit à trente ans, qui s'y rendait sans paraître le moins du monde intimidé par la mauvaise réputation de ces ruines.

Le jour commençait à luire et le soleil était déjà sur l'horizon lorsque notre jeune homme attacha la bride de son cheval à une branche d'arbre, traversa les restes chancelans du pont-levis, et entra hardiment dans la cour. Il gagna une petite porte basse, gravit quelques marches, et se trouva dans une salle voûtée, que l'incendie avait épargnée.

Un homme, arrivé à l'extrême vieillesse, était assis sur un lit en assez bon état. Des livres, des instrumens de mathématiques, un fourneau, des alambics, garnissaient cette pièce.

Lorsque le jeune homme entra, le vieillard le salua d'un geste de la main, et continua à lire un in-folio qu'il tenait sur ses genoux.

Le jeune homme, sans doute accoutumé aux manières du vieillard, lui fit signe de ne pas se déranger et se mit à jouer avec un énorme chien des montagnes, couché dans un coin de cette salle. Le chien vint le flatter, et le jeune homme, prenant sa tête dans ses deux mains, lui dit, comme si le chien avait pu le comprendre et en lui présentant un mouchoir :

— Sens bien ce mouchoir, Pied-Gris, sens-le bien, et si jamais être exhalant l'odeur suave et parfumée qu'il répand, vient du côté de ces ruines, ne mords pas, entends-tu? Fais beau à ce mouchoir, fais beau, entends-tu?

Le chien, comme s'il eût compris, flaira le mouchoir, le prit dans sa gueule, et après l'avoir fait voler en l'air et l'avoir ressaisi, le rapporta au jeune homme. Celui-ci le reprit et ajouta :

— C'est bien, Pied-Gris, c'est bien, car tu es de taille à faire peur à de plus intrépides qu'une jeune fille. Sens, sens !

Le chien flaira encore le mouchoir et agita la queue, puis il retourna près du vieillard, qui venait de fermer son livre.

XIV

Le vieillard, qui s'était signé après avoir fini sa lecture, preuve que, malgré sa demeure et la singularité des objets dont elle était meublée, il ne s'occupait point d'œuvres cabalistiques et coupables ; celui-ci, disons-nous, se tourna vers le jeune homme et lui dit d'une voix plutôt douce que faible et encore assurée :

— Eh bien ! Bernard, quoi de nouveau ?

— Tout va de mal en pis, maître Pastourel ; tout va de mal en pis ! Le comte d'Auterive est arrivé cette nuit, et, au lieu d'aller loger chez son oncle le baron de la Roque, ce qui était fort naturel, ce me semble, il a poussé plus loin jusqu'au manoir de Saint-Quentin, acheté depuis peu par cette espèce d'aventurier qui se fait appeler le marquis de Veroni, titre que je croyais éteint avec le dernier prince de Puzzano, qui, vous le savez, a été brûlé il y a quarante ans à Naples, sa patrie, et sur la Chiaïa pour crime de sorcellerie.

— Qui vous fait douter, Bernard, répartit le vieillard avec émotion, des droits de cet étranger à porter le titre de marquis de Veroni ?

— D'abord ce que je viens de vous dire, maître Pastourel, et ensuite, c'est que ce brave homme baragouine l'italien comme un cuistre, gasconne le français comme un Toulousain et parle admirablement bien le patois de ce pays-ci.

— Si vous étiez sage, Bernard, reprit Pastourel, ce seraient autant de preuves qu'il a droit à ce titre, car s'il est d'une façon ou d'autre le vrai descendant du prince de Puzzano, il a dû être exilé, abandonné, et son éducation n'a pas dû être aussi soignée que la vôtre, marquis de Velay; mais il vous importe peu de savoir ce qu'il est.

— Au contraire, de par tous les diables! cela m'importe d'abord parce qu'il vient beaucoup trop souvent chez le baron, avec lequel il est des mieux ; ensuite parce que, malgré ses quarante ans bien sonnés, quoiqu'il ne prétende en avoir que trente-six, il fait à Charlotte des complimens qui ne me vont point du tout.

— Etes-vous jaloux à ce point?

— Jaloux de tout, maître Pastourel, même de cet autre aventurier qui a nom Vasconcellos, et qui, malgré sa mine de pendu décroché de la potence, tourne toujours aux environs du manoir de M. de la Roque.

— Y serait-il entré? dit le vieillard avec quelque inquiétude.

— Une fois il l'a essayé et il s'est fait annoncer chez le vieux baron comme un voisin qui désire faire sa connaissance ; mais je ne puis vous dire quel effet a produit sur le vieillard la voix de ce Vasconcellos, mais on eût dit que le baron voulait percer les ténèbres qui l'entourent, et il a tellement accablé ledit Portugais de questions, que celui-ci s'est retiré après y avoir répondu tant bien que mal, et que depuis, lorsqu'il est revenu, ça été toujours, à ce que m'ont dit les gens du baron, à l'heure où celui-ci fait, après dîner, cette sieste d'où ne l'arracheraient pas cent mille coups de canon tirés à ses oreilles.

— Ainsi donc... fit Pastourel.

— Tous les jours à deux heures le baron est ivre comme un pot, et ronfle comme un tuyau d'orgue ; or, ce Vasconcellos, en choisissant cette heure, me semble manquer à toutes les lois de la bienséance, et j'en aurais querellé Charlotte plus de vingt fois, si à la première elle ne m'avait dit : « Il faut qu'il en soit ainsi. »

— Et elle a raison, reprit Pastourel, et vous faites bien de la croire.

— Du diable si je la crois, répartit le jeune marquis de Velay en se levant; je trouve, moi, qu'il faudrait qu'il en fût autrement, mais lorsque Charlotte me dit avec son doux sourire qui me fond le cœur, ou ce regard impérieux qui me glace : *Il le faut*, j'obéis. J'obéis comme un niais, et pourtant cela doit avoir un terme, et ce sera à mon tour de dire aujourd'hui *il le faut*. Et si elle n'obéit pas comme j'ai obéi, c'est qu'elle me trompe et qu'elle ne m'aime pas.

— Et quelle est l'injonction à laquelle vous

prétendez qu'elle doit obéir pour vous prouver qu'elle vous aime?

Le jeune Bernard haussa les épaules et répartit :

— Une injonction à Charlotte! vraiment il y aurait de quoi me faire chasser pour l'éternité; ce sera une prière, Pastourel, et une prière aussi humble qu'un homme puisse la faire.

— Et que lui demandera cette prière, Bernard?

— De me suivre en Espagne, si, comme je le prévois, le comte d'Auterive n'apporte pas le consentement de mon père à mon mariage avec elle.

— Et qui vous fait supposer que ce consentement sera refusé?

— Une excellente raison ; c'est qu'il l'a été déjà une fois, lorsque je l'ai demandé moi-même à monsieur mon père.

— Sans doute, mais à la seconde demande que vous lui avez adressée, le duc de N..., votre père, ne vous a-t-il pas répondu qu'il vous enverrait le comte d'Auterive avec des pleins pouvoirs pour finir cette affaire ? Que trouvez-vous donc d'alarmant à cela?

—D'abord, je ne comprends pas le choix du comte d'Auterive, lequel est parfaitement étranger à notre famille. Ensuite parce qu'il vient ici avec sa femme.

— Que vous importe?

— Qui le mène par le bout du nez.

— Que vous importe encore?

— Il m'importe, parce qu'il faut que ce mariage plaise à la comtesse, et je crains qu'il ne lui plaise pas.

— Et pourquoi, Bernard?

— Par Dieu! les manans de ce pays-ci sont de grands imbéciles de vous prendre pour un sorcier si vous ne devinez pas pourquoi ce mariage ne plaira pas à la comtesse.

Un éclair de gaîté passa sur le visage décharné du vieillard, et il dit au marquis de Velay :

— Bah! la comtesse d'Auterive?

— C'est qu'avec ses trente ans, c'est bien la plus agaçante, la plus folle, la plus capricieuse, la plus pétulante femme qu'on puisse imaginer.

Pastourel laissa échapper un rire sourd et

murmura : « O vengeance céleste ! » Mais il parut se repentir aussitôt de cette plaisanterie mondaine, et reprit d'un ton humble et sérieux :

— Sa sûreté lui ordonnera de ne pas se montrer trop rebelle, de crainte que le comte ne devine le motif de sa résistance.

— C'est que vous n'avez pas idée de Clémence, dit Bernard ; on dirait une duchesse qui a épousé un manant et qui lui impose sa volonté. Jamais on ne s'imaginerait, à voir M. d'Auterive si tremblant devant sa femme, que c'est lui qui s'est mésallié en épousant la fille de ce cuistre de Barati, qui entasse liards sur écus et deniers sur sacs d'or dans une mansarde de la rue de la Huchette, à Paris.

— Il est tout à fait devenu avare, comme le baron est tout à fait devenu ivrogne, murmura Pastourel. Le vice est comme le poison de Brabantio : quand il a attaqué un homme, il le ronge jusqu'à la moëlle des os.

— Ne parlez pas de poison, Pastourel, car je crains que ce soit seulement en l'art d'en composer que tu ne sois sorcier.

Si le jour qui pénétrait dans cette salle voûtée eût été plus vif, le jeune marquis de Velay eût vu pâlir Pastourel, mais celui-ci parlait plutôt comme un étourdi qui laisse échapper une parole inconsidérée que comme un homme qui exprime un soupçon véritable, et Pastourel reprit :

— Ainsi, tu redoutes l'influence de la comtesse d'Auterive?

— D'abord, je suis persuadé que c'est elle qui a empêché son mari de descendre chez le baron, ce qui, ainsi que je vous l'ai dit, était une chose fort convenable.

— Il me semble, reprit Pastourel, qu'elle ne devait avoir aucun empressement à se loger chez une rivale.

— Elle croit donc l'être encore, dit Bernard, puisqu'elle a choisi la demeure de ce marquis de Veroni qu'elle ne doit estimer en aucune façon.

— Qui sait? répliqua Pastourel.

— Pardieu! fit le marquis, vous me raviriez de m'apprendre qu'ils s'estiment tout de bon et que les grâces fanfaronnes du marquis ont séduit la comtesse.

— Ce n'est guère probable pour le passé, car je ne pense pas qu'ils se soient jamais vus.

— D'où savez-vous cela?

— Il vous suffit que je le sache. Et n'avez-vous pas autre chose à m'apprendre?

— Une chose fort surprenante, en vérité : c'est que Charlotte prétend venir vous rendre une visite. Cela ne m'a point étonné, car toute femme est curieuse de voir des sorciers ; mais ce qui me confond, c'est qu'elle entend y venir seule ; c'est qu'elle m'a formellement déclaré que si je faisais mine de l'accompagner ou de la suivre, c'en était fait de toutes nos relations et qu'elle ne me reverrait de sa vie.

— Es-tu jaloux de moi comme de Veroni et de Vasconcellos?

Mio padre, dit le marquis d'un ton singulier, *mio carissimo padre*, je ne sais trop quel métier vous faites, mais vous êtes le confident général de tous les habitans de ce pays, et il n'est individu qui ne vienne vous consulter quand il est embarrassé pour se tirer de quelque méchante affaire. J'y ai vu venir ce Veroni et ce Vasconcellos, et cela ne m'étonne point, car je les crois fort embarrassés d'un passé que ni l'un ni l'autre n'ont jamais raconté à personne ; mais ce qui me surprend, ce qui me fait peur, c'est que Charlotte ait quelque conseil à vous demander. Du diable si c'est quelque chose d'honnête, car enfin je lui ai donné les seuls bons conseils qu'une jeune fille puisse entendre : si mon père consent, nous nous marions... s'il ne consent pas, nous nous enfuions, voilà qui est simple et décent.

— Il y a dans votre premier conseil, reprit Pastourel, une chose que vous avez complétement oubliée : c'est que si votre père consent, il faut aussi que le baron consente.

— Hum! fit le marquis de Valey, il me semble que c'est trop d'honneur pour ce vieil ivrogne et qu'il me baisera les mains quand je lui apprendrai que sa fille deviendra un jour duchesse de N...

— Monsieur le marquis de Velay, futur duc de N..., répartit Pastourel, vous êtes trop présomptueux : le baron refusera.

— En ce cas, j'enlève.

— Charlotte refusera, malgré l'honnête conseil que vous lui avez donné.

— Ah çà, tout conspire donc contre mon bonheur.

— Tout, et vous plus que qui que ce soit.

— Moi ?

— En vous montrant le plus hautain gentilhomme que j'aie rencontré, en vous imaginant que vous faites beaucoup d'honneur à la fille du baron de la Roque en recherchant sa main, en traitant d'aventuriers ce Vasconcellos et ce Veroni, qui vous valent bien, en soupçonnant Charlotte, qui est un modèle de vertu, et en parlant avec cette légèreté à un homme à qui tu dois l'honneur.

— Pardine, pour quelques mauvais sacs de louis que tu m'as prêtés, vieux sorcier, tu deviens bien impertinent! dit le marquis en faisant siffler le fouet qu'il tenait à la main.

— De par l'enfer! dit le vieillard en se levant de son lit et en déployant sa haute taille, s'il n'y avait en toi un sang qui te protége, tu aurais payé ce mot de ta vie!

Le jeune homme baissa les yeux devant le

regard perçant de Pastourel, et dit d'un ton plus humble :

— J'ai tort ; eh bien ! oui, j'ai tort ; mais c'est que je ne vous ai pas tout dit.

— Qu'y a-t-il encore ?

— Hier, en arrivant au château du baron de la Roque, j'ai demandé Charlotte ; on m'a dit qu'elle était dans les jardins avec Vasconcellos. Ceci a commencé à me donner une certaine dose d'humeur. Cette humeur était un pressentiment, car au coin d'une allée j'entends causer derrière une charmille et je reconnais la voix de Charlotte et celle de Vasconcellos. L'occasion était belle. Je m'approche pour écouter, et je veux que le diable me confonde si ce n'était pas le bruit d'un baiser.

— C'est possible, dit Pastourel.

— Possible ! s'écria le marquis. Elle est donc coupable, et c'est vrai, je ne me suis pas trompé !

— Ne l'avez-vous pas entendu ?

— J'ai cru l'entendre, car si je l'avais réellement entendu, j'aurais passé mon épée au travers du corps de ce Vasconcellos. Mais le vent agitait les arbres, j'ai cru me tromper. Je me suis encore avancé, ils m'ont entendu, et lorsque Charlotte a tourné son visage vers moi, il y avait tant de calme dans ses traits, tant d'assurance dans son regard, que j'ai été honteux de ce que j'avais cru entendre. Mais je veux que le diable m'étouffe si ce n'était pas le bruit d'un baiser. Seulement il y manquait la rougeur, le trouble, l'émotion ; mais ce bruit d'enfer, je l'ai depuis ce temps dans les oreilles ; il faut que j'en finisse avec ce Vasconcellos.

—Je vous ai défendu de chercher à lui parler ; un seul mot imprudent, et votre bonheur est perdu.

—Toujours la même menace, dit le marquis. En voilà assez... Oui, voilà assez long-temps que je me laisse mener par vos conseils; je veux m'en affranchir..... J'agirai à ma guise... Je n'ai plus besoin de vous.

— Qu'êtes-vous donc venu faire ici? lui dit Pastourel.

— Eh mon Dieu! je suis venu pour vous dire qu'elle viendra vous faire une visite cette nuit.

— Et avec les soupçons que vous avez, marquis, vous êtes venu?

— Que diable vouliez-vous que je fisse? répartit Bernard : elle m'en a prié.

— Et vous avez obéi ?..

Bernard prit tout à coup un air triste.

— Tenez, vieux sorcier, lui dit-il, vous vous moquez de moi et vous avez raison; mais, que voulez-vous, je l'aime! Pourquoi? comment? je n'en sais rien. Quand je suis loin d'elle, je me dépite, je la juge, je vois bien que ce n'est pas une aussi merveilleuse beauté qu'on le dit; je la trouve impérieuse, froide, vaine; je m'imagine qu'elle se joue de moi, qu'elle n'a de faux semblans d'amour que pour mon titre; il me semble même qu'elle me traite quelquefois comme un petit garçon; mais quand je la vois, quand je suis près d'elle, il n'y a ni colère, ni soupçon, ni ressentiment qui tienne, je ne vois plus que par ses yeux, je n'entends plus que par ses oreilles, je sens par elle, et il me semble que je grandis; enfin, voyez-vous, je lui appartiens comme les damnés appartienent au diable ; elle m'a dit de venir ici, et je suis venu. Tout le long du chemin, je me suis dit que j'étais un imbécile de venir, et je suis venu de même, et quand vous m'aurez dit à quelle heure elle peut venir, j'irai lui porter votre réponse, plus obéissant que Pied-Gris, votre chien. C'est à se casser la tête d'être ainsi possédé, mais je le suis... Allons, voyons, dépêchons, dites-moi à quelle heure elle pourra vous voir?

— Je ne puis vous le dire encore, répartit

Pastourel ; cela dépendra de l'heure où le comte d'Auterive viendra aujourd'hui.

— Le comte viendra ! s'écria Bernard stupéfait.

— N'est-il pas arrivé hier soir? répartit Pastourel d'un air grave.

— Et la comtesse, dit le marquis en essayant de ricaner, viendra-t-elle aussi ?

— Il faudra bien qu'elle s'y décide, répartit le vieillard du même ton.

Bernard demeura un moment silencieux, l'assurance de Pastourel le confondait. D'un autre côté, il pensait que si ce que venait d'annoncer le vieillard se réalisait, il pourrait avoir foi en sa parole, et quoiqu'il n'eût aucune propension à croire à la sorcellerie, il se dit que s'il voyait venir d'abord le comte d'Auterive, puis la comtesse, il vendrait son âme au vieillard, fût-il le diable en personne, pour en obtenir la possession de Charlotte.

Il est possible que nos lecteurs se soient demandé si un homme qui parle avec cette insoucieuse légèreté de la femme qu'il dit aimer l'aime véritablement. Est-ce la faute du siècle où nous vivons ou de la littérature que nous faisons? Je ne sais, mais je conçois aisément que l'on doute d'une passion si soupçonneuse, et qui ne semble avoir qu'un respect assez cavalier pour l'ange de ses rêves.

C'est qu'à cette époque, on n'avait point d'*anges de ses rêves* ; c'est qu'on aimait très simplement, par conséquent très vivement une femme sans la poétiser à un degré si nébuleux qu'elle disparaîtrait si on soufflait sur elle. On l'aimait comme un être qui est d'une nature pareille à la nôtre, mais on lui parlait chapeau bas et avec décence ; enfin, l'amour avait cette libre allure que, de nos jours, on pousse jusqu'à faire de la grossièreté, ou qu'on supprime jusqu'à faire de l'élégie.

D'un autre côté, ce n'est pas non plus une chose rare que ces passions qui sentent et calculent pour ainsi dire le poids de leur joug, mesurent la force de leur esclavage et ne peuvent cependant s'y arracher. De toutes les formes de cette passion si divine de l'amour, c'est peut-être celle qui est la plus difficile à definir, quoiqu'elle soit assez commnue.

Si nous ne nous trompons point, il y a dans ces passions, sans cesse en révolte contre elles-mêmes, beaucoup de cette obstination qui pousse un homme qui se sent quelque vigueur d'âme et d'esprit à résoudre un problème qui lui échappe sans cesse, à aplanir un obstacle qui renaît dès qu'on le croit disparu; une fois la lutte engagée, cela devient une sorte de vertige incessant; cent fois vaincu, on recommence cent fois le combat, jusqu'au jour où cette passion finit comme toutes les passions humaines, par la victoire ou par une autre passion.

Ajoutez à ces raisons excellentes cette raison suprême que j'ai donnée quelquefois et dont les hommes d'esprit se sont moqués : *Il l'aimait parce qu'il l'aimait* (raison qui ne m'appartient pas, que j'ai entendu donner à l'amour par une des femmes les plus célèbres de nos jours, raison qui m'a immédiatement expliqué les contradictions, les impossibilités, les anomalies apparentes, qui me les a illuminées d'une clarté admirable, *Il l'aimait parce qu'il l'aimait*), et vous comprendrez tout de suite.

Est-ce qu'il y a une autre raison à l'amour que lui-même? comme il n'y a aucune raison à Dieu que Dieu : il est parce qu'il est.

Donc, indépendamment de tous les commentaires explicatifs que nous avons donnés à l'amour de Bernard de Velay pour Charlotte, il suffit de savoir qu'il l'aimait, pour qu'il n'y ait pas le moindre mot à dire contre la réalité de cet amour, dût-on en discuter la convenance.

XV

Nous en sommes restés au moment où Pastourel venait d'annoncer à Bernard la visite probable et prochaine du comte d'Auterive. Le jeune amoureux n'avait pas encore fini ses réflexions au sujet de cette déclaration extraordinaire, que Pied-gris, le chien de Pastourel, se prit à gémir d'une façon joyeuse et en remuant la queue, et presque aussitôt une femme de trente-cinq ans, à la tournure élancée et leste, la jambe fine, le pied bien tourné, la taille encore élégante et dans le costume d'une riche paysanne, entra tout à coup et se jeta tout essoufflée sur le fauteuil qu'avait occupé un moment auparavant le marquis de Velay.

— Eh bien! Catherine Couteau, lui dit Pastourel, quelle nouvelle? Je croyais que ce serait ton mari qui viendrait.

— Ah oui, vraiment! fit Catherine de cette voix particulière aux femmes du Midi, qui a quelquefois toute l'impertinence des dames de la halle parisienne, et d'autres fois toute la douceur des inflexions les plus moëlleuses d'une bourgeoise à l'état de séductrice; avec cette différence que le fausset impertinent de ces voix n'arrive jamais au clapissement trivial de la dame de la halle ni au tendre miaulement de la bourgeoise; cette voix garde dans la première circonstance une verdeur et dans l'autre une harmonie sonore que les climats pluvieux ne connaissent pas.—Ah ! oui vraiment ! fit Catherine de sa voix aiguë, il a trop peur pour ça. Je ne sais ce que mon bonhomme de beau-père lui a fourré dans la tête, mais Pierre est devenu poltron comme un poulet devant un coq; il va bien encore à la montagne, ajouta-t-elle en regardant fièrement

Bernard, qui s'était mis à rire, et il peut y rencontrer un loup, ou un ours, ou un homme, quand même il porterait une épée au côté, et il ne sourcillerait pas; mais qu'on lui parle d'approcher des ruines, et il devient tout pâle, tout tremblant. Le vieux Jean prétend que vous êtes un revenant et un sorcier, et Pierre croit son père comme l'Evangile; moi qui ne crois ni le vieux ni mon mari, je suis venue vous dire la nouvelle, quoiqu'ils me l'aient défendu tous les deux.

— Pierre aussi? dit Pastourel.

— Eh oui, devant son père, parce qu'il en a une peur affreuse, comme s'il était en âge de recevoir le fouet; mais le vieillard n'a pas eu les talons tournés qu'il m'a dit de venir jusqu'au torrent pour voir si nos bûcherons travaillaient, et il m'a apporté ma mante dans laquelle il a caché mon chapelet, et il savait bien, mon homme, que je ne m'arrêterais pas au torrent et que je viendrais jusqu'à la ruine.

— Il te connaît, Catherine.

— Et je le connais aussi, répartit celle-ci ; il ne me demandera pas où je suis allée, mais il grillera d'envie de le savoir, et je ne lui en dirai rien.

— Tu le lui diras, ma fille, dit Pastourel en souriant. Une femme ne peut rien taire à son mari.

— Bah! bah! répartit Catherine d'un air singulier, si Pierre est curieux, moi je ne suis pas causeuse.

Bernard se mit à rire en disant : — Pauvre Pierre!

— Hé, monsieur le marquis, lui dit Catherine, mariez-vous avec mademoiselle de la Roque, et après quinze ans de ménage, vous aurez bien vos petits secrets; pourvu encore que vous ne fassiez pas comme d'autres que nous connaissons, qui n'ont pas attendu plus long-temps pour planter là leurs femmes et leurs enfans.

Bernard rougit à cette parole et s'écria :

— Que veut dire cette impertinente?...

— Silence! fit Pastourel; Catherine a peut-être raison, mais il ne s'agit pas de cela maintenant : il s'agit de la nouvelle qu'elle m'apporte, et qui doit être bien importante, car, ajouta-t-il en se retournant vers la paysanne, tu es arrivée tout essoufflée.

— Ce n'est pas la nouvelle qui m'a essoufflée, car elle n'a rien de bien pressé; mais dà, reprit-elle en baissant la voix, c'est qu'en arrivant ici, j'ai fait une vilaine rencontre.

— As-tu rencontré une pie ou un moine? lui dit Bernard.

— Ni pie, ni moine, ni âne, ni marquis, répartit Catherine. Ce que j'ai rencontré, c'est un homme en habit noire, à face jaune, les yeux flambans et creux comme une chandelle dans une lanterne, les mains longues et sèches, un véritable fantôme de parchemin habillé de serge, qui m'a arrêtée au bord du torrent et qui m'a dit d'une voix caverneuse :

— C'est bien là, n'est-ce pas, la ruine du château de la Roque ?

Il m'a fait tellement peur, que je lui ai répondu avec une révérence. Puis il a ajouté :

— N'y a-t-il pas là-dedans un homme appelé Pastourel ?

— Eh oui, ai-je fait. Eh bien! m'a-t-il répondu, dis-lui que j'irai le trouver dans une heure.

A cette nouvelle, Pastourel parut assez étonné pour que Bernard, qui l'examinait, devinât aisément que sa science de sorcier était complétement prise en défaut. Pastourel s'en aperçut, et voulant remettre Bernard dans l'incertitude où il l'avait mis un instant auparavant sur la portée de son pouvoir, il répartit :

— Il est arrivé plus tôt que je ne pensais.

Puis il examina une sphère et reprit:

— J'ai négligé cette inclinaison d'un millième de degré. Je me suis trompé d'un jour.

Catherine serra son chapelet entre ses mains, mais Bernard, d'abord étonné comme la paysanne lui dit :

— Et quel est cet homme que vous attendez ici? vous devez le connaître?

— Il veut rester inconnu, dit Pastourel.

Bernard allait répliquer, mais Catherine s'écria aussitôt :

—C'est vrai, car je lui ai demandé son nom, mais il m'a dit : « Je le dirai à Pastourel. » Cet homme m'a fait peur, et ne voulant pas vous laisser seul avec lui, je lui ai proposé de m'accompagner, ce à quoi il m'a répondu : « Nous ne devons nous voir que seuls et dans la nuit. J'irai à huit heures du soir. » A huit heures, dans les ruines ! me suis-je écriée. « Qu'il m'attende, je le veux ; dis-lui que *la parole est d'argent et le silence d'or.* »

—Qu'il vienne, murmura Pastourel en jetant involontairement un regard sur son chien, et en le reportant sur un long poignard oriental pendu au chevet de son lit ; qu'il vienne. Mais les autres...

— Voici ce qui s'est passé : ce matin, le comte d'Auterive a envoyé un de de ses laquais dire à mon mari d'aller le trouver chez Veroni...

— Le marquis de Veroni! fit vivement Pastourel, comme s'il avait craint qu'un autre nom ne fût donné à la personne dont Catherine voulait parler...

— Oui, oui! répondit-elle en regardant Bernard, chez le marquis de Veroni; Pierre, qui a été soldat dans la compagnie de M. d'Auterive, s'y est rendu tout de suite, et m'a raconté alors que le comte lui avait dit de venir vous avertir qu'il viendrait vers huit heures du soir.

— C'est bien cela, dit Pastourel...

— Mais ce qu'il y a de plus singulier, c'est qu'au moment où il allait quitter le château de... du marquis de Veroni, la comtesse d'Auterive l'a attrapé au passage et lui a recommandé de vous annoncer qu'elle viendrait à huit heures.

Pastourel prit un air triomphant en regardant le marquis de Velay et celui-ci eut peine à dissimuler le mouvement de surprise mêlée de crainte qu'il éprouva.

—Qu'ils viennent, qu'ils viennent! dit Pastourel. Marquis, vous pourrez dire à celle qui vous envoie qu'elle peut venir dans la journée.

— Je le lui dirai, répartit Bernard, véritablement dominé par ce conflit de circonstances. Mais honteux de l'obéissance qu'il montrait, il reprit aussitôt d'un ton menaçant :

— Mais fussiez-vous Satan en personne, si quelque chose s'oppose à mon bonheur, n'oubliez pas que c'est à vous seul que je m'en prendrai.

— Va-t-en, fou que tu es, lui dit Pastourel, il n'y a d'autre obstacle à ton bonheur que toi-même. Va-t-en, car une menace nouvelle te coûterait trop cher, et il y a long-temps que je t'aurais abandonné à la brutalité sauvage de ton caractère et aux malheurs qu'il t'attirera si je n'avais promis de te protéger,

Bernard hésita à obéir; mais comme il subissait avec révolte l'amour de Charlotte, il subit de même la crainte superstitieuse que lui inspirait Pastourel, et sortit en murmurant:

— De par l'enfer! je saurai ce qui en est!

Il quitta tout aussitôt la ruine, remonta à cheval et s'éloigna au galop pour retourner dans la maison de M. le baron de la Roque.

Nous le laisserons aller vers cette maison, et nous resterons avec Catherine et Pastourel.

A peine furent-ils seuls, que le ton de la conversation changea tout à coup, et que Catherine prit vis-à-vis de Pastourel un air plus amical en répondant à la question que lui fit celui-ci.

— Et le fillou ?...

— Ne m'en parlez pas, reprit Catherine, il est fou, il veut absolument épouser mademoiselle de la Roque.

— Tu ne lui as donc pas répété ce que je t'avais chargé de lui dire.

— Je n'y ai certes pas manqué, mais il se croit marquis pour tout de bon, et il dit qu'il est de naissance à épouser mieux que la fille du baron, si cela lui plaît.

— Ah! se dit Pastourel, j'ai été trop imprudent, j'aurais dû comprendre que la vanité est le fond de ce caractère.

— Et une terrible vanité; certainement il était beau, il y a une quinzaine d'années, dit Catherine, et si à cette époque je ne l'avais pas cru mon frère, je l'aurais trouvé à ma guise, mais il a quarante et un ans bien sonnés, s'il avait véritablement l'âge que vous avez dit lorsque vous l'avez apporté chez mon père; il a donc quarante ans, et ce n'est pas à cet âge qu'on pense à une jeune fille de vingt ans.

— Catherine, reprit Pastourel, ce n'est pas là le danger; si Charlotte l'aimait et qu'elle voulût l'épouser, il arriverait à cet entêté ce qui plairait à Dieu.

— Dà ?... dà !... fit Catherine, je sais bien ce qui plairait à sa femme au bout d'un an de mariage. Vous l'avez fait marquis par je ne sais quel moyen, et il a de l'argent plus qu'un vrai marquis, mais pour le faire marquis tout à fait, nenni, nenni, père Pastourel, il n'y entend rien, et il est resté Galidou.

— Et s'il ne veut pas être sage, il le redeviendra.

— C'est ce que vous m'avez dit de lui dire, et ce que je lui ai répété ; mais bast ! « Catherine, m'a-t-il répliqué, je tiendrai mon rang.

J'ai dit dans le temps que je brûlerais et détruirais le château de la Roque, et je l'ai fait ; je t'ai dit que par dessus le marché je veux épouser la fille de ce vieux baron, et je l'épouserai. On ne me mènera pas comme on le croit, dis-le au vieux patriarche des moutons de ton père, et il sait mieux que personne que je puis faire ce que je veux. »

— Eh bien ! reprit Pastourel avec une indignation à laquelle se mêlait une certaine douleur, dis-lui, qu'il vienne, car enfin, s'il y tient, faut-il encore qu'il réussisse sans danger pour lui et pour nous tous.

— Comment ! dit Catherine d'un air indigné,

vous l'aiderez à désoler ce gentil marquis de Velay?

— Au ton dont tu lui parlais, dit Pastourel, je croyais que tu n'étais pas de ses amies.

Bah! bah! vieux père, dit Catherine en minaudant et en riant, on déteste un homme qui vous a dit des douceurs quand il était tout blanc-bec et qui ne fait plus attention à vous quand il est un homme, mais l'on devient raisonnable avec l'âge et je ne me souviens plus de ce qui s'est passé il y a huit ans.

— Il y a huit ans? dit Pastourel.

— Oui, oui, vous n'étiez pas encore rentré

dans le pays, et il était venu visiter les propriétés de son père avec son gouverneur. Pauvre enfant! il était bien gentil dans ce temps-là!

Pastourel regarda Catherine d'un air étrange et lui dit :

— Et tu étais encore jolie.

— Mais dà, il avait dix-huit ans et moi vingt-sept, on m'appelait encore au pays la belle Catherine.

— Et il devint amoureux de toi? dit Pastourel.

— Ça vous étonne, père?

— Non, non; mais toi, tu l'as aimé?

— Pécaïre! il était si calin, si étonnant, que j'ai eu toutes les peines du monde à me défendre de ce sentiment-là.

— Et tu t'en es défendue long-temps?

— Toujours, dit Catherine en se levant d'un air digne.

Pastourel ne répondit pas, mais il passa sa main sur son front d'un air pensif en murmurant :

— C'est une destinée!

Puis il reprit tout haut :

— Enfin, tu es pour lui contre Galidou ?

— Ah ! c'est un faux marquis, qui fait l'insolent et oublie qu'il a été trop heureux de manger notre pain. N'est-ce pas qu'il n'épousera pas mademoiselle de la Roque ?

— Je l'espère ; mais pour venir ici il faut qu'il croie que j'y consente. Je te charge de le lui persuader.

— Je vous le promets, et il ne l'épousera pas ?

— Cela te tient bien au cœur !

Catherine devint pâle, et reprit avec un accent singulier de menace :

— Si vous l'aimez, qu'il n'épouse pas Charlotte, entendez-vous, ou il lui arrivera malheur et à vous aussi !

— Oublies-tu, reprit Pastourel, que je puis te punir d'une telle menace ?

— Bah ! bah ! reprit Catherine, c'est bon pour les autres, ce ton-là et ces airs ! Vous n'êtes pas plus sorcier ou magicien que ma jarretière : vous avez cru l'histoire du marquis que je viens de vous faire. Galidou, ou monsieur le marquis de Veroni, comme vous l'avez baptisé sur les fonts du diable, n'épousera pas mademoiselle de la Roque, je vous le prédis, moi! Je vais vous l'envoyer, faites-y bien attention !

Catherine sortit à ces mots d'un air courroucé, et Pastourel, la regardant sortir, se dit tout haut :

— Cette paysanne me gênera plus que toutes les autres!

Nous prions le lecteur de remarquer ces mots : toutes les autres.

Il y'en avait donc d'autres? Lesquelles? Si le lecteur veut bien continuer cette histoire, il les reconnaîtra, comme il a déjà reconnu Galidou sous le nom de marquis de Veroni. Du reste, et avant d'aller plus loin, il est bon que je déclare qu'en tout ceci je n'ai fait que raconter, depuis le commencement, une histoire dont les preuves m'ont été fournies par un descendant de l'une des familles dout j'ai dû taire les noms et les titres, mais qui est vraie sous presque tous ses rapports, et dont je n'ai fait que coordonner les événemens à ma guise.

FIN DE LA DEUXIÈME PARTIE.

TROISIÈME PARTIE.

I

Nous avons laissé Pastourel seul, Catherine retournant chez elle, et Bernard de Velay regagnant le nouveau château de la Roque au galop de son cheval. Nous y entrerons avant lui et nous assisterons à la scène suivante qui se passait dans une salle assez retirée du rez-de-chaussée. Nous y retrouverons deux de nos vieilles connaissances, le baron de la Roque et Jean Couteau.

Mais ce n'étaient plus les hommes que nous avons montrés à nos lecteurs; ce n'était plus ce farouche gentilhomme à la stature puissante, au regard fauve, toujours prêt à monter à cheval, à tirer l'épée, tempêtant, blasphémant, usant de violence pour satisfaire les plus légers caprices, et poussant l'ivresse jusqu'à la fureur : c'était déjà un vieillard caduc, plié en deux sur le siége qu'il ne quittait que pour la table et pour le lit, perclus de goutte, acrimonieux, mais impuissant, et furieux de son impuissance, méditant une pensée qui semblait s'être complétement emparée de lui, sans que cependant rien lui en échappât, si ce n'est quelquefois des exclamations sourdes qui revenaient toutes à un projet de vengeance. Mais à propos de quoi et contre qui devait s'exercer cette vengeance? C'est ce que personne ne devinait, pas même Charlotte, qu'il semblait désigner de temps en temps.

Jean Couteau, de même, n'était plus le robuste et franc chasseur qui s'était acquis dans la montagne un renom d'intrépidité qui lui avait attiré le respect de tous les bergers. Moins cassé de corps que le baron, il était presque arrivé à un état complet de caducité morale ; sa mémoire était à peu près perdue, mais en ce sens ordinaire aux vieillards qu'il ne se rappelait pas ce qui s'était passé la veille, tandis que les souvenirs du passé avaient survécu entièrement.

Une pensée dominante préoccupait Jean Couteau comme son ancien maître : c'était la pensée de son salut. Il passait les trois quarts de ses journées à dire ses prières ; son chapelet ne quittait plus ses mains, et il s'ingéniait à s'imposer des pénitences et des vœux qu'il accomplissait avec une rigoureuse exactitude. Les relations qu'il avait eues jadis avec Pastourel étaient devenues le tourment incessant de sa conscience.

La résurrection de cet homme qu'il avait vu étendu par terre la tête ensanglantée, son apparition dans la Niche au loup, son arrivée à Toulouse au milieu de toutes les personnes assemblées chez Vergnes, le respect avec lequel il avait été reçu par les uns et l'obéissance qu'il avait obtenue de tous, étaient autant de circonstances qui le montraient à Jean comme un être surnaturel, comme un sorcier voué à Satan, et par conséquent comme un agent de perdition éternelle pour celui qui l'avait servi. Or, tel était le cas de Jean Couteau, et il n'était rien qu'il ne fût prêt à faire pour racheter cet horrible péché.

Voilà où en étaient arrivés ces deux hommes au moment où ils se retrouvèrent en présence.

Le baron avait fait dire à Jean de venir lui parler, et le vieux serviteur s'était empressé d'obéir. Ils étaient assis en face l'un de l'autre, et le vieux gentilhomme, la tête basse et l'air soucieux, regrettait plus que jamais de ne pouvoir lire sur le visage de son ancien serviteur l'effet que produiraient sur lui les paroles qu'il allait lui adresser. Cependant il releva tout à coup la tête d'une façon résolue, et se tournant vers Couteau, il lui dit d'une voix sombre, mais calme :

— Jean, il faut penser à la mort.

Le vieux Couteau tressaillit et répartit d'un ton mal assuré :

— Hélas! oui, monseigneur, et bienheureux celui qui peut avoir cette pensée sans qu'elle le trouble et lui rappelle qu'il n'a pas toujours été ce qu'il devait être.

— Tu as raison, Jean, tu as raison, et je ne t'en veux pas de me parler ainsi, car ce n'est pas pour toi que tu peux avoir une pareille crainte : tu as été toujours prudent et ami de la justice, tandis que moi...

— Ah! monseigneur, fit Jean avec un profond soupir, chacun a assez du compte qu'il a à régler avec le ciel, sans s'occuper de celui des autres. Je ne songe plus à blâmer personne, je me repens et je fais pénitence.

Le baron, en toute autre occasion, eût sans doute été curieux de connaître les péchés qui pesaient si cruellement sur la conscience de Jean Couteau, mais il avait un but qu'il voulait atteindre rapidement, et il lui dit :

— C'est bien, mon pauvre Couteau, mais tu n'as pas pensé que parmi les moyens qui nous obtiennent le pardon de Dieu, la pénitence n'est pas toujours le plus puissant, et qu'il en est que le ciel nous compte au dessus de tous les autres.

Ces paroles, prononcées du ton le plus humble et le plus hypocrite, frappèrent le vieux chasseur, car il répartit vivement :

— Je le sais, monseigneur, et si j'étais assez riche pour faire quelque don un peu considérable à une église, je n'y manquerais pas.

Le baron ne put retenir un mouvement d'ironie, et répliqua :

— Il est certain qu'avec cela tu obtiendrais l'absolution d'un prêtre, mais le ciel n'est pas aux ordres de ces messieurs.

— Vous blasphémez, monseigneur, reprit Couteau en se signant et en commençant à marmoter un *Pater*.

Le baron le laissa faire et reprit un instant après :

—Jean, il faut me pardonner, car lorsqu'on a le cœur tourmenté de remords, on doute de tout ; et cependant ce que j'avais à te dire est juste. Oui, oui, crois-moi, il y a un moyen de s'assurer la clémence de Dieu, c'est de réparer autant que possible le mal que l'on a fait.

—Hélas! dit Couteau, je ne crois pas avoir fait de mal à personne dans ma vie, du moins sciemment.

C'était une réponse singulière pour un homme qui semblait si fort occupé de la difficulté de son salut, et cependant elle était l'expression de la vérité.

La conscience timorée du vieux chasseur

lui montrait comme un péché irrémiscible ce qui ne pouvait être considéré tout au plus que comme une imprudence, tandis que l'âme inexorable du baron ne cherchait, sous le faux-semblant de repentir qu'il affectait, qu'à satisfaire un dernier désir de vengeance. Il reprit donc encore sans s'arrêter à la réponse de Jean Couteau :

— Je ne puis parler ainsi, moi, et j'ai fait plus de mal en ce monde qu'aucun pécheur ne peut en porter sans crainte devant la justice divine ; c'est ce mal que je veux réparer.

— Bénie soit l'heure où cette pensée vous est venue! reprit Jean.

— Et tu peux m'aider, mon bon Jean, dans ma dévote et pieuse résolution.

— Je ne vois point comment.

— Et cela te sera compté, crois-moi, reprit le baron; tu seras absous de tout péché quand tu auras mis la main à cette bonne œuvre, tandis que si tu t'y refusais, ce serait un crime à ajouter aux autres, et ta perdition éternelle serait certaine.

Par un instinct inexplicable de crainte, Jean ne se sentit point du tout tenté de s'associer aux bonnes œuvres du baron de la Roque. Le repentir du vieux gentilhomme n'était point arrivé jusqu'à le persuader, et d'ailleurs, avec le désir sincère d'effacer par tous les moyens possibles le terrible péché qui pesait sur sa vie, il se disait qu'en fait de salut ce devait être chacun pour soi et Dieu pour tous. Ce fut avec cette pensée qu'il répondit au baron :

— Je suis un trop grand pécheur pour pouvoir vous aider à racheter vos fautes, monsieur le baron. D'ailleurs, vous êtes riche, et cela vous est facile sans mon secours.

Sans qu'il s'en doutât, Jean Couteau, en croyant refuser le baron, venait d'ouvrir une voie à ce que celui-ci désirait lui dire. Aussi le baron reprit-il aussitôt :

— Tu te trompes, Jean, je ne puis rien sans

ton secours, car toi seul peux me dire où je puis retrouver ceux que j'ai offensés et à qui je veux demander pardon.

— Hélas! monseigneur, fit Jean Couteau, qui désirait de plus en plus n'être pour rien dans les réparations du baron, comment voulez-vous qu'un pauvre homme comme moi sache ce que sont devenus tous ceux qui ont eu affaire à vous?

— Tous ceux qui ont eu affaire à moi? reprit le baron, qui trouva que cette réponse donnait une extension par trop illimitée au mal qu'il avait pu faire. Tous n'ont pas eu à se plaindre de moi, je pense.

—Non, monseigneur, non, certainement, dit Jean avec humilité; mais dans tous les cas c'est m'en demander plus que je ne puis vous en dire.

—Je ne te demanderai que ce que tu peux savoir, Jean, reprit le baron. Ainsi il y a un homme à qui j'ai fait tort de sa fortune et que j'ai forcé à quitter ce pays. Je voudrais m'acquitter envers lui.

— S'il a quitté le pays, fit Couteau, qui désirait échapper à la nécessité de répondre au baron, comment voulez-vous que je sache...

—C'est que je crois qu'il y est revenu.

—Eh bien ! monsieur le baron, envoyez-le chercher.

—C'est, reprit le baron, qu'il s'y cache sous un faux nom, s'imaginant sans doute que je le persécuterais comme j'ai fait jadis.

—Interrogez-le.

—Mais il ne me répondra pas, il ne croira pas à l'assurance que je lui donnerai de mes bonnes dispositions en sa faveur, et il me cachera toujours son vrai nom.

—Que voulez-vous que j'y fasse ?

—Hé ! mon bon Jean, si Dieu ne m'avait pas

enlevé la vue, je n'aurais besoin de personne pour le reconnaître; mais quoique sa voix m'ait déjà frappé comme celle d'un homme que nous avons tous les deux connu pendant longues années, je ne puis dire que ce soit lui. Mais si à ce témoignage de mon oreille tu joignais le témoignage de tes yeux, si tu me disais : C'est bien là celui que vous cherchez, je n'hésiterais plus à lui restituer par mon testament ce dont je lui ai fait tort, car, ainsi que je te l'ai dit, je pense à la mort.

— N'est-ce que cela, monseigneur? Je puis bien vous le dire si vous voulez me montrer cet homme.

— Il est impossible que tu ne l'aies pas rencontré depuis six mois qu'il est revenu dans ce pays.

— Vraiment! dit tout à coup Jean Couteau, êtes-vous de ceux qui croient, comme ma fille Catherine a voulu un jour me le persuader, que le marquis de Veroni, qui tient un si grand état de maison, n'est autre que ce misérable Galidou?

— Galidou! s'écria le baron, à qui cette nouvelle fit perdre toute la cafarde retenue qu'il s'était imposée; Galidou! ce méchant gardeur de moutons que tu as sauvé de la dent de mes chiens? ce manant qui m'a insulté et qui n'a dû qu'à sa fuite de ne pas être pendu pour avoir brûlé mon château? Il est venu se remettre dans mes griffes? Ah! par le diable! il lui en coûtera cher!

—Mais, monsieur le baron, reprit Jean, vous m'aviez dit que vous vous repentiez.

— Certainement, reprit le baron en rengaînant tout à coup sa fureur et en se signant comme pour montrer qu'il s'en voulait de cette escapade ; mais tu dois comprendre qu'il y a une grande différence entre le repentir que j'éprouve d'avoir offensé un homme de mon rang et celui que j'aurais d'avoir fait écorcher vif un drôle de cette espèce.

— C'est juste, dit Couteau.

Et ce mot naïf, qui admettait qu'un gentilhomme du rang du baron était à peine coupable d'avoir voulu faire manger un pauvre diable par des chiens, montre jusqu'à quel point le sentiment de leur infériorité était enraciné alors dans les gens du peuple, puisqu'en face de la mort et du jugement suprême, ils admettaient de telles distinctions.

— Mais, reprit le baron, il ne s'agit point de Galidou, il s'agit d'un homme qui devrait être haut placé et à qui j'ai fait perdre sa position, car il se cache ici sous un nom qui n'a rien de recommandable.

— Je ne sais de qui vous voulez parler.

—Et je ne veux point te le dire, mon cher Jean, pour que tu ne sois point influencé par le nom que je t'apprendrais et qui pourrait peut-être te faire voir moins juste, car tu sais que lorsqu'on est prévenu, on se laisse aller aux idées qu'on vous a inspirées.

—Mais alors, dit Couteau, comment voulez-vous que je le connaisse, cet homme?

—Donne-moi ton bras, Jean, dit le vieux gentilhomme, donne-moi ma béquille et viens avec moi dans le jardin. Peut-être, sans aller bien loin, pourras-tu m'aider à sortir de la triste incertitude où je suis.

II

Jean obéit à contre-cœur, mais quarante ans d'obéissance ne s'effacent pas du cœur d'un homme, et il fit ce que lui ordonnait le baron. Ils entrèrent dans le jardin, et, sur les indications du baron, ils arrivèrent, par des allées détournées, à un petit pavillon enveloppé de verdure. On y causait avec une certaine vivacité, et le baron sentit le bras de Couteau trembler en entendant la voix d'un homme qui disait :

— Eh bien! Charlotte, je vous conduirai moi-même à ce rendez-vous.

— Dieu du ciel! fit Jean Couteau, cette voix !...

L'homme reprit :

—Mais à quelle heure irez-vous ?

—Bernard viendra me le dire.

—S'il voulait vous accompagner?

— Je l'en empêcherai.

Couteau frissonnait, et le baron dit tout bas en le poussant :

—Regarde à travers la feuillée.

— C'est lui, murmura Jean Couteau d'une voix étouffée et en se parlant plutôt à lui-même qu'il ne répondait au baron.

Celui-ci l'entraîna vivement et lui dit tout bas :

— N'est-pas que c'est bien don José de Frias ?

Jean, sans comprendre ce qu'il pouvait y avoir de dangereux dans le mot qui lui était échappé, se repentit de l'avoir dit et répartit, poussé par un sentiment peut-être plus irréfléchi :

— Je n'ai point dit que ce fût lui, monseigneur; je n'en sais rien, je puis me tromper, et je me suis certainement trompé. Je ne voudrais pas, monseigneur, avoir compromis mon salut en désignant un innocent à votre vengeance.

—Ah! dit le baron en serrant le bras de

Jean Couteau pour l'empêcher de s'échapper, j'aurais donc à me venger de lui si c'était don José ?

— Je ne sais pas, je ne sais rien, monseigneur. D'où voulez-vous que je sache pareille chose ?

— De l'entretien que tu as eu avec Pastourel le jour où don José a tenté de l'assassiner.

Ce souvenir rendit toutes ses terreurs à Jean Couteau, et il se mit à dire d'un ton suppliant :

— Ah ! monseigneur, monseigneur ! toute les paroles de cet homme, si c'est un homme, sont autant de tentations de l'enfer! N'y croyez pas, n'y croyez en rien, cela vous mènerait à mal d'en croire un seul mot! N'est-ce pas un sorcier et un imposteur?

Cette épouvante de Jean avait donné le temps au baron de mieux calculer ses paroles, et il reprit du ton piteusement cafard qu'il avait au commencement de l'entretien :

— Hé, mon vieux Jean! n'en suis-je pas aussi persuadé que toi, et ne sont-ce pas ses mensonges qui m'ont poussé à être injuste envers ce José, à qui je veux faire réparation?

L'honnêteté de Jean Couteau se trouva, à ce moment, attaquée d'un autre côté. Le fait de voir le baron faire amende honorable à don José, à l'amant de la baronne, lui parut une chose honteuse pour son ancien maître; il éprouva une vive répugnance à être le complice d'une pareille humiliation, et il répondit avec la vieille brusquerie de son caractère :

— Hé, monseigneur! ne vous mettez point tant en peine de faire des réparations à M. de Frias. Si vous lui avez fait quelque mal, vous êtes quittes.

Mais déjà le baron n'écoutait plus Jean Couteau, une pensée nouvelle s'était emparée de lui, et il dit à Jean en l'interrompant :

— Que disait-il à Charlotte ?

— Je ne me rappelle pas ; ils ont parlé de rendez-vous.

— Oui, oui, dit le baron, cela me suffit. C'est assez.

Puis il reprit avec une exaltation singulière :

— Don José de Frias, mon beau page, vous êtes enfin en mon pouvoir !

— Que prétendez-vous faire, monseigneur ?

— Va, va, dit le baron, ils ne se riront pas toujours du vieil aveugle ; oh ! le sang de

Paula est passé dans les veines de sa fille. Bien, bien ! nous verrons, nous verrons !

— Monseigneur, vous me faites peur ! dit Jean en se reculant. Vous m'avez fait servir à vous aider dans quelque horrible vengeance.

— Eh bien ! lui dit le baron, tu en feras pénitence en montant à genoux la côte de Saint-Benoît, et si, lorsque tu seras arrivé dans la chapelle, tu vois, à travers la grille, sœur Thérèse à genoux sur la pierre et se donnant de grands coups sur la poitrine, tu pourras lui dire de ma part qu'elle aura bientôt de mes nouvelles.

— Monseigneur, dit Jean, madame la baronne est une sainte femme, et si elle a péché, ce que je ne sais pas, elle a bien racheté ses fautes depuis quinze ans qu'elle s'est enfermée en ce couvent.

— Elle est si pieuse, dit le baron, que je veux aider à ce qu'on puisse la canoniser, et tu dois être bien content, Jean Couteau! Tu auras aidé à faire une sainte, et lorsqu'elle sera au ciel, elle t'aidera à y entrer, si tu n'y es déjà, ou elle te tirera de l'enfer que tu as mérité.

Toute l'expression de cruauté qui caractérisait jadis le visage du baron avait reparu pendant qu'il parlait ainsi.

— Monseigneur, reprit Jean, de grâce! de grâce! n'entreprenez rien qui puisse me faire du tort pour mon salut, je vous en supplie! ce serait mal, ce serait indigne !

— Holà! holà! s'écria le baron d'une voix retentissante, n'y a-t-il ici personne pour me débarrasser de ce mendiant qui me persécute de ses prières!

— Ah! s'écria Jean Couteau en s'éloignant, je m'en étais bien douté que la malédiction du ciel serait sur ma tête, du moment que je rentrerais dans votre maison!

— Va, va, vieux radoteur, murmura le baron en se traînant du mieux qu'il le pouvait vers sa maison, je tiens ma vengeance, et elle sera terrible! oui, oui, terrible !

Cependant l'appel fait par le baron avait été entendu du pavillon où Charlotte était avec celui que Jean Couteau avait reconnu pour être don José, et qui était celui dont Bernard avait parlé à Pastourel sous le nom de Vasconcellos. Charlotte accourut et vit son père qui, n'ayant plus que sa béquille pour appui, n'avançait que péniblement; elle courut à lui, et mettant son bras sous le sien, elle lui dit avec un empressement très vif :

— Appuyez-vous sur moi, monsieur.

Le vieillard tressaillit comme au contact

d'une personne ennemie, et répondit brusquement :

— Laissez, laissez, Charlotte; vous avez mieux à faire qu'à penser à un vieil aveugle comme moi; vous êtes à l'âge où les femmes mentent à leur père, à l'âge où elles commencent à être perfides et hypocrites.

— Monsieur, s'écria Charlotte, en quoi ai-je mérité de pareils reproches ?

Le baron de la Roque se repentit du mouvement de colère qui l'avait emporté, il se contint, et après un moment de silence, il reprit :

— Charlotte, mon enfant, quand on souffre et qu'on est aveugle, quand on se sent incapable d'aller chercher l'aide dont on a besoin, on devient injuste quelquefois. J'ai eu tort de me plaindre, car vous êtes une bonne fille, et vous avez eu plus de soin de moi que je ne vaux.

Charlotte était habituée à l'humeur grondeuse de son père, mais elle ne l'avait jamais vu s'en excuser. Elle fut touchée, pour plus d'une raison peut-être, de la tournure que le vieux baron avait donnée à cet emportement, et elle lui dit :

— Si quelqu'un a tort, mon père, c'est moi

de n'avoir pas été près de vous au moment où vous m'avez appelée peut-être.

Le baron prit un air de joyeuse bonhomie et lui dit :

— Et ce tort, tu vas l'avoir encore tout à l'heure, car, si je ne me trompe, j'entends dans l'avenue le galop d'un cheval. C'est Bernard, n'est-ce pas ? C'est lui : je le sens à ton bras qui tremble sous le mien.

— Monsieur !... fit Charlotte embarrassée.

— Bien, bien ! dit le baron, j'attendrai qu'il vous plaise de me dire la vérité, car il t'aime, le marquis.

Charlotte trembla plus fort.

— Et tu l'aimes aussi, n'est-ce pas ?

— Mon père !...

— N'en parlons plus; mais il ne faut pas qu'il tarde à me demander ta main, car je suis vivement pressé d'un autre côté.

Oh! mon père! s'écria Charlotte, n'engagez point votre parole avant deux jours; c'est tout le délai que je vous demande.

— Pourquoi ne parle-t-il pas sur-le-champ? dit le vieillard.

— C'est que je ne veux pas, dit Charlotte fièrement, qu'il puisse demander ma main sans avoir le consentement de monsieur le duc, son père. Vous pouvez le refuser pour gendre, mais je ne veux pas que, si vous consentiez, on pût me refuser comme bru.

— Ah! murmura le vieillard, c'est l'orgueil de sa mère. Tant mieux!

Ils étaient arrivés devant la porte du château au moment où le marquis de Velay descendait de cheval. Il salua le baron et lui demanda des nouvelles de sa santé, et fit signe à Charlotte qu'il avait à lui parler. Comme si le vieillard eût vu ce signe d'intelligence, il leur dit :

— Allez, mes enfans, allez. La société d'un malade n'est pas chose gaie pour votre âge.

Cependant, monsieur le marquis, avant de vous éloigner, obligez-moi de venir me parler. J'ai un service à vous demander relatif au marquis de Veroni.

Après avoir replacé le vieillard dans le fauteuil qu'il avait quitté pour aller jusqu'au pavillon, Charlotte rejoignit Bernard, et l'entretien suivant eut lieu entre elle et lui. Mais avant de le répéter, nous devons faire connaître à nos lecteurs la jeune fille dont ils ne savent encore que le nom.

III

Comme l'avait dit le baron de la Roque, Charlotte, c'était le sang et l'orgueil de sa mère, mais ce n'était point sa passion. Paula avait fait une faute et elle l'avait cruellement expiée, à l'époque même qu'on eût pu l'en croire heureuse.

Agitée par ses remords et par la crainte du déshonneur, elle avait été jusqu'à rêver le crime, et cependant elle s'était réfugiée dans la pénitence.

Son amour avait eu des retours soudains et de terribles désespoirs; il s'était trouvé des heures où elle se fût perdue pour don José et d'autres où elle l'eût sacrifié, lui et le monde entier, à sa réputation.

Il y avait eu en elle de l'amour et du remords, de ces sentimens qui, si exaltés qu'ils soient, tiennent à la nature ordinaire des femmes.

Il n'en était pas de même de Charlotte. Arrivée à l'âge de vingt ans, rien n'avait encore troublé son cœur. Elevée près du baron, elle était encore enfant qu'elle l'avait jugé : sans autre enseignement que la vue de ce vieillard vicieux, elle avait pris le vice en horreur. A un âge où l'on ne raisonne pas, elle avait suivi une règle de conduite admirable.

Expliquons ce singulier résultat :

Il n'y a personne qui n'ait remarqué combien il arrive souvent que les caractères fortement accusés enfantent, dans le courant de la vie commune, des caractères tout à fait contraires. Aux pères prodigues les fils avares, aux mères légères les filles dévotieusement prudes, et *vice versâ*.

Mais pour que cela arrive, il ne faut pas qu'un caractère puissant domine un esprit facile et malléable; car, dans ce cas, c'est l'imitation qui est le résultat : l'exemple agit directement. Il faut qu'il rencontre un caractère d'une trempe pareille à la sienne, et presque toujours alors l'opposition se manifeste, et le résultat par contraste est immanquable.

Si cela est vrai, et il n'est aucun de nos lecteurs qui, en cherchant autour de lui, n'en puisse découvrir des exemples frappans; si cela est vrai, disons-nous, on concevra aisément que les vices honteux du baron eussent enfanté, chez sa fille, non pas les vertus qui leur sont contraires, mais les défauts qui leur sont ennemis.

Ainsi, le baron était d'une liberté grossière dans ses propos : Charlotte gardait, dans sa façon de parler, une réserve qui n'admettait pas la plus innocente gaîté; le baron s'emportait et criait : Charlotte était toujours calme jusqu'à l'impassibilité; mais le baron oubliait sa colère : Charlotte gardait son ressentiment. M. de la Roque aimait la table jusqu'à l'orgie : Charlotte poussait la sobriété jusqu'au ridicule. Le père faisait bon marché des fautes qu'on pouvait lui reprocher : la fille eût préféré toutes les souffrances à l'humiliation de s'entendre jeter le plus léger blâme. Le baron passait pour un père brutal et tyrannique : Charlotte s'était fait le rôle de la fille la plus soumise et la plus dévouée; il y avait beaucoup d'ostentation affectée dans les vices du baron, mais il y avait une humilité plus affectée encore dans les vertus de sa fille.

Ainsi, et par un effet de son caractère entier luttant avec le caractère de son père, peut-être plus que par un calcul réfléchi, Charlotte tâchait à être commandable par tous les points où son père était digne de mépris. Mais, d'un autre côté, si elle donnait aux pauvres qu'il repoussait, elle était sans pitié pour le vagabond qu'il accueillait quelquefois avec bonté, et, s'il faut le dire, bien malgré nous, il y avait peut-être plus de cœur et d'humanité dans ce vieillard dont la vie avait été un long tissu de honteuses ou de méchantes actions, que dans cette jeune fille dont il n'y avait pas un mot et une action qui ne fussent irréprochables.

Le baron ne s'était pas trompé un moment sur la conduite de sa fille; il avait compris la sécheresse de ce dévoûment qui l'entourait des soins les plus empressés, le calcul de cette résignation patiente qui ne murmurait jamais contre les injustices, et un jour qu'on lui parlait de l'admirable douceur de sa fille, il avait brusquement répondu :

« La douceur se fatigue et je n'ai jamais pu

pousser Charlotte à se fâcher; il n'y a que l'égoïsme qui soit si patient. »

On avait trouvé ce mot horrible, et cependant il était vrai.

« Si elle m'aimait, disait-il quelquefois, elle tâcherait de me corriger, mais elle se contente de subir mes défauts; si elle m'aimait, elle se désespérerait quand je suis méchant pour elle, mais elle se tait et ne se plaint à personne, elle fait à ses défauts un piédestal des miens, de façon à les montrer comme des vertus. »

Le baron avait raison, et pendant long-temps il s'irrita dans cette lutte où il se sentait vaincu par une nature qui ne valait pas mieux que la sienne, jusqu'au jour où il comprit que plus il mettrait d'acharnement à vouloir faire comprendre le faux-semblant de cette vertu si supérieurement jouée, plus il ferait grandir à son détriment la réputation de Charlotte.

C'est pour cela que depuis quelques mois il avait changé complétement sa manière d'être vis-à-vis d'elle. Son humeur s'était apaisée, ses exigences avaient disparu; il n'éclatait pas à tout propos en reproches injurieux, il ne se fâchait plus de rien, et pour un observateur qui eût eu le secret de cette mutuelle comédie, rien n'eût été plus singulier que le désarroi de Charlotte n'ayant plus de résignation calme, de silence douloureux, de patience angélique à opposer aux caprices de son père.

Autrefois, quand le baron ordonnait une dépense excessive, Charlotte se gardait bien de la contremander ou de la blâmer, mais elle s'habillait plus modestement ou faisait vendre quelque bijou de prix. On l'apprenait, on le savait, et c'était un concours d'éloges à son sujet. Mais ses vertus étaient si peu des vertus, que les vices de son père venant à lui manquer, elle se trouva ne plus savoir comment paraître vertueuse.

Avant d'en finir, il faut dire à quelle source cette jeune fille avait puisé la force nécessaire pour se créer une pareille nature ; cette force, elle l'avait trouvée dans un orgueil incommensurable, orgueil qui ne voulait pas mériter un seul des blâmes qui atteignaient le baron de la Roque...

Mais, nous dira-t-on, en appliquant le principe de ces contrastes, si, au contraire de ce qu'il était, le baron eût été un homme d'une vertu sévère et d'une vie irréprochable, faut-il croire que Charlotte eût pris une autre voie et fût devenue coupable ? Nous ne saurions en répondre, mais il est présumable que si une passion l'eût égarée un moment et qu'on eût essayé de la faire rentrer dans le devoir par la menace, l'orgueil révolté l'eût poussée aux dernières extrémités de cette passion.

Mais prenons-la telle qu'elle était, et racontons son entretien avec le jeune Bernard.

Toutefois, et pour n'y plus revenir, n'oublions pas de dire que la nature avait jeté un voile admirable sur cet esprit hautain et implacable ; un visage d'une expression suave, des yeux d'une douceur grave et triste, des contours d'une ténuité et d'une mollesse pleine de charme, un abandon dans la démarche, une langueur dans le parler, une vibration dans la voix qui devaient faire croire que tous les sentimens vivaient, sans oser se montrer, dans ce cœur enveloppé par le malheur.

Avec cela, il y avait de quoi tromper les plus habiles, et ce n'était pas précisément parmi ceux de cette espèce qu'il fallait ranger le marquis Bernard de Velay.

—Votre père devient bon, lui dit Bernard; votre angélique patience l'a vaincu.

— Mon père, répartit Charlotte, est d'une naissance qui lui a appris quelles règles de savoir-vivre lui impose la présence d'un homme de votre rang.

Supposez cette phrase dite les sourcils froncés et la voix sèche, elle signifiait très clairement : « Mon père n'est pas meilleur que par le passé; mais votre présence le contient, parce que vous êtes égaux. » Il y avait la part du baron et celle de Bernard, que l'on avertissait de ne pas se croire plus grand seigneur qu'il ne fallait. Mais le doux sourire, la voix moelleuse qui avaient doré cette phrase, en avaient fait pour Bernard un tendre remerciement de sa protection. Le bel amoureux le prit ainsi, et répliqua :

— C'est pour cela que je voudrais être toujours à vos côtés, pour vous épargner une souffrance.

Ceci était fort joli, mais Charlotte avait autre chose à penser.

— Vous y êtes déjà trop souvent, Bernard, répondit-elle, et ma faiblesse accepte peut-être trop facilement la consolation de sentir près de moi un cœur qui n'est pas sans pitié.

— Sans pitié! dit Bernard. De quel nom appelez-vous la tendresse la plus ardente?

—Monsieur le marquis! fit Charlotte.

— La plus pure! reprit Bernard.

— Sans doute, reprit Charlotte; mais pour que cette présence ne puisse pas être mal interprétée, vous ne pouvez la prolonger qu'à un titre formel.

—N'est-ce pas le plus ardent de mes vœux?

— J'aime à le penser, monsieur le marquis, mais vous n'ignorez pas que votre volonté est soumise à celle de monsieur le duc votre père.

— D'Auterive vient d'arriver ici chargé de ses pleins pouvoirs.

— Mais vous ignorez ce qui lui a été ordonné.

— Ah! s'écria Bernard, il faudra bien qu'il fasse ce que j'ai résolu !

— Bernard, reprit Charlotte, il y a, vous le savez, un homme plus puissant que nous tous, et qui, je le sais, peut dicter à M. d'Auterive sa volonté.

— Le vieux Pastourel?

— L'avez-vous vu?

— Sans doute.

— Et à quelle heure pourrai-je le voir, moi?

Bernard garda un moment le silence; puis il reprit avec une vive impatience.

— Tenez, Charlotte, je vous avoue qu'il m'est odieux et insupportable d'être dans les mains d'un homme de cette espèce! Que peut avoir à faire dans la destinée du fils du duc de N... une espèce d'astrologue dont personne ne connaît ni le vrai nom, ni l'origine ?

— Bernard, reprit Charlotte d'un ton sentencieux et triste, on voit bien que vous avez été toujours heureux; vous n'avez pas appris à courber la tête sous des nécessités qui blessent à la fois notre cœur et notre dignité, mais il le faut.

Ce dernier mot fut accompagné de ce regard empreint de volonté dont Bernard avait parlé et auquel il ne savait pas résister d'ordinaire; mais durant le trajet de la ruine du château, le jeune homme s'était entêté à l'idée de se soustraire au pouvoir mystérieux de Pastourel, et il répartit :

— Je ne sais pas quelles raisons le comte d'Auterive, M. le marquis de Veroni et d'autres peut-être ont pour soumettre leurs desseins à l'approbation de ce Pastourel, mais moi je n'en ai pas.

Si Bernard avait regardé Charlotte en parlant ainsi, il eût remarqué l'altération qui se montra sur son visage, malgré le violent effort qu'elle fit pour la dissimuler. Elle se tut, tant elle eut peur que l'émotion de sa voix ne trahît celle de son cœur; mais elle examina Bernard d'un œil ardent pendant que celui-ci continuait :

— Je n'ai aucun secret à cacher, grâce à Dieu !

Charlotte avait pu croire que Bernard voulait faire allusion à ce qui la regardait; mais la brusque insouciance avec laquelle il parla, montra à Charlotte que ce n'était que la révolte d'un esprit irréfléchi, et elle reprit avec plus de douceur :

— Je le crois, Bernard, et c'est pour cela que j'ai accepté l'hommage de votre amour. Mais, mon ami, sommes-nous l'un et l'autre dans les secrets du passé? Votre mère n'est-elle pas retirée aux Bénédictines comme la mienne? Et qui sait!

Bernard rougit.

— Je ne juge pas les motifs qui ont forcé

ma mère à la retraite; quels qu'ils soient, ils sont honorables pour moi...

Un sourire de dédain glissa sur les lèvres de Charlotte pendant que Bernard continuait :

—Parce qu'ils le sont réellement, j'en suis sûr. Mais, dans tous les cas, ils sont trop au dessus de ce que ce Pastourel peut savoir pour que je me croie obligé à avoir recours à lui.

Charlotte ne répondit point à cette apologie de la duchesse; elle se contenta de répéter ce mot :

— Il le faut.

Bernard laissa échapper un signe d'impatience.

Charlotte prit son plus grand air majestueux et répéta :

— Vous savez aussi bien que moi qu'il le faut.

— Comme il vous plaira, répliqua Bernard. Cet homme vous attendra cette nuit à onze heures.

— J'irai.

— Vous n'irez pas seule à une pareille heure !

— J'irai seule, dit Charlotte.

Bernard parut mécontent, Charlotte reprit :

— Monsieur le marquis, il n'y a entre nous que des relations apparentes de voisinage; si cette visite blesse en vous d'autres sentimens, je vous plains, mais c'est un devoir pour moi de ne pas avoir de témoins dans cette entrevue. Ce mot doit tout vous dire; le devoir n'est méritoire que parce qu'il est pénible à remplir. Mais celui-là, je le remplirai comme les autres, dussé-je y perdre mon bonheur.

Cette phrase, commencée d'un ton grave, s'acheva dans l'émotion et fut accompagnée d'une larme. Bernard repentant, Bernard, qui savait avec quelle pieuse religion Charlotte avait accompli les devoirs les plus cruels, fut honteux d'avoir montré le moindre mécontentement et répondit tout aussitôt :

— Allez donc, Charlotte ; allez.

La jeune fille ne montra pas à son amant la moindre reconnaissance de cette condescendance, et lui répondit :

— Vous n'oublierez pas que mon père désire vous parler.

— Je vais aller le trouver, Charlotte, mais l'heure est encore bien éloignée de votre rendez-vous, et vous savez que je ne suis jamais trop souvent près de vous.

— Revenez au pavillon, Bernard, lui dit Charlotte, vous m'y retrouverez.

IV

Le jeune homme s'éloigna, ravi de la grâce avec laquelle cette réponse lui avait été faite; mais il n'était pas à vingt pas de la jeune fille, qu'il reprenait ses inquiétudes, ses soupçons, et qu'il était furieux de ce qu'il lui avait cédé avec la plus sotte facilité, lorsqu'il s'était si fermement résolu à s'opposer à ce mystérieux rendez-vous.

Comme nous l'avons dit, c'était dans le cœur de Bernard une obéissance servile pour Charlotte, suivie presque aussitôt d'une révolte irritée. La présence de celle qu'il aimait exerçait sur lui un de ces pouvoirs qui tiennent du charme et qui cessent dès qu'on n'est plus à leur portée.

Cette influence personnelle est un don que la nature accorde à certaines personnes, et pour choisir un fait immense pour en expliquer un très petit, il y avait dans la personne de Napoléon une autorité, une puissance, qui agissaient sur tous ceux qui l'entouraient bien long-temps avant que les titres de général en chef, de consul et d'empereur eussent ajouté l'autorité du rang à cette puissance de l'individu.

Donc Bernard avait repris son mécontentement de voir Charlotte aller chez ce Pastourel. A ce mécontentement s'ajoutait cette espèce de honte qu'éprouve vis-à-vis de lui-même un homme qui s'est manqué de parole. Cette disposition de Bernard était juste ce qu'il fallait pour recevoir les impressions que le baron de la Roque voulait jeter dans son esprit.

Si nos lecteurs n'ont pas oublié quels soupçons le baron de la Roque avait conçus sur les intelligences coupables de don José et de la baronne, peut-être s'expliqueront-ils comment put avoir lieu un entretien qui, sans cela, passerait toutes les bornes de l'odieux.

Lorsque le jeune Bernard arriva près du baron, celui-ci paraissait absorbé dans une profonde préoccupation ; on eût dit qu'il n'avait pas entendu entrer le jeune marquis, car lorsque celui-ci dit :

— Me voici à vos ordres, monsieur le baron ; le vieux gentilhomme tressaillit, et répliqua :

— Ah! c'est vous, marquis. Je ne vous attendais pas encore. Je recueillais mes souvenirs, et ils sont si cruels, que je m'étais laissé aller à la douleur que causent les vieilles blessures quand elles viennent à se rouvrir après de longues années.

— Ma foi, monsieur le baron, reprit Bernard, qui éprouvait déjà le regret de la concession qu'il avait faite à Charlotte, chaque âge a ses ennuis, et ceux du présent sont plus cruels que ceux du passé.

Bernard, très fier d'avoir répondu par cette banalité, se prit à lever les yeux au ciel comme profondément affligé. Du reste et comme ceci est une histoire de laquelle on peut tirer toutes les moralités possibles, nous nous permettrons de faire remarquer à nos lecteurs qu'il y a une foule de gens qui répondent comme le marquis Bernard aux plaintes qu'ils entendent. Par exemple, vous leur dites : « Mon ami, on m'a volé cent louis. — Parbleu! vous répondent-ils, il y a deux ans qu'en sortant de l'Opéra on m'a escroqué ma bourse. » Une autre fois, c'est : « J'ai une horrible douleur de dents. — Bah! pas plus tard qu'hier j'avais un affreux mal d'oreilles. »

Ceci au moral comme au physique. Or, la réponse de Bernard était de cette nature. Le baron, qui tenait à ce qu'on s'enquît de sa douleur quand il se plaignait, répartit d'un ton sec :

— Vous vous plaignez jeune homme, et de

quoi, mon Dieu? De quelques contrariétés amoureuses; de ce que vous ne pouvez satisfaire quelques folies fastueuses? Attendez que l'âge et les infirmités soient venus, et vous saurez ce que c'est que le malheur. Vous êtes jeune, riche, beau, brave; à la femme qui vous dédaigne vous pouvez donner pour rivale une plus belle et une plus riche; si un homme vous insulte, vous pouvez lui en demander compte l'épée à la main ; si vous avez de l'ambition, tout l'avenir vous appartient.

Etaient-ce colère et tristesse véritables? Etait-ce comédie admirablement jouée? mais l'expression du baron était si poignante que Bernard le considéra avec plus d'attention pendant que M. de la Roque continuait :

— Attendez, attendez pour vous plaindre que vous ayez espéré la vengeance pendant vingt ans pour la voir s'échapper, parce que vous n'avez plus de force pour l'accomplir! Attendez qu'un nouvel outrage menace votre vieillesse, et sentez-vous cloué par les infirmités à la place où je suis sans pouvoir le prévenir!

Bernard crut un moment que c'était à lui personnellement que s'adressait la colère du baron lorsqu'il parlait d'un nouvel outrage prêt à le frapper. En effet, le jeune marquis n'avait-il pas osé proposer à Charlotte de l'enlever? N'avait-il pas laissé deviner ce projet à plusieurs personnes? Aussi Bernard fut-il très embarrassé ; il essaya de répondre d'une voix assurée, mais son émotion fut remarquée par monsieur de la Roque lorsqu'il lui dit en balbutiant :

— Je ne vous comprends pas, monsieur le baron. De quel outrage voulez-vous parler?

Le baron ne put maîtriser un mouvement de colère réel; car, malgré sa cécité, il ne s'était pas trompé sur les causes du trouble de Bernard; mais il ne lui convenait pas de les deviner. Aussi continua-t-il d'un ton sentencieux :

— Marquis, marquis, tout respect pour les plus nobles noms de la monarchie s'efface, et doit-on s'étonner de voir la bourgeoisie et la valetaille se rire de nous, quand ce sont nos enfans qui montrent ce coupable oubli?

Bernard cherchait toujours à comprendre à quoi allaient aboutir ces doléances générales; mais le baron était trop habile pour ne pas suspendre et cacher long-temps le coup qu'il voulait frapper, afin qu'il tombât plus rudement sur un endroit que le jeune marquis n'eût pu armer contre cette atteinte, et qu'il y pénétrât plus vivement.

— Personne, dit Bernard, toujours inquiet sur lui-même, personne, monsieur le marquis, ne veut vous manquer de respect.

— Hélas! mon pauvre enfant, reprit tout à

coup le baron d'un ton paternel, nous autres hommes, nous ne sommes que des aveugles pour voir le mal qu'on veut nous faire, quand c'est l'esprit d'une femme qui le prépare.

—Que voulez-vous dire? fit Bernard, qui commença à comprendre que l'accusation ne s'adressait peut-être pas à lui.

—Marquis de Velay, je puis mourir avec le désespoir dans le cœur de ce que mes plus chères espérances auront été trompées ; mais je ne veux pas emporter dans la tombe le remords d'avoir aidé à tromper une noble famille.

Le trouble de Bernard devint assez vif pour

que monsieur de la Roque s'en aperçût à l'accent avec lequel il reprit :

— Quoi donc? qu'y a-t-il?

— Peut-être me trompé-je, Bernard, mais s'il était vrai que Charlotte eût oublié le sang dont elle sort pour s'éprendre d'un aventurier...

— Juste ciel! s'écria le marquis.

— Si, affranchie pour mon malheur de cette surveillance paternelle qui est la première sauvegarde de la vertu d'une jeune fille, elle avait oublié le respect qu'elle doit à son nom...

— Monsieur le baron, dit Bernard, c'est impossible! J'en ferais le serment!

Quoique aveugle, le baron comprit bien, à l'altération de la voix de Bernard, que cette défense de Charlotte n'était que ce cri involontaire qui s'échappe du cœur de l'homme dont on accuse la maîtresse, mais que le doute, le soupçon et la colère étaient déjà dans cette âme.

Aussi reprit-il avec cette hypocrisie dont les traits pénètrent plus profondément que les coups les plus durement portés:

— Oh! tant mieux, Bernard; je vous remercie, je vous crois, car on ne peut vous tromper aussi facilement que moi, et vous pouvez me certifier que c'est pour un motif dont elle n'a pas à rougir qu'elle reçoit chaque jour pendant mon sommeil ce Portugais, ce Vasconcellos?

— Tous les jours pendant votre sommeil? répéta Bernard.

— Puisque vous le saviez, fit le baron, je dois être tranquille.

— Mais...

— Je sais vos projets, Bernard; j'en suis fier, et si quelque chose troublait la satisfaction que j'en éprouve. c'est que je craignais qu'un jour vous eussiez à me reprocher d'avoir abusé de la bonne foi de votre jeunesse; mais me voilà tranquille maintenant.

Depuis quelques minutes, Bernard n'écoutait plus le baron : il était tout entier à la jalousie que les paroles du vieillard venaient d'éveiller en lui, et, dans cette disposition de son esprit, il se représentait une à une toutes les circonstances qui devaient lui faire croire à l'amour de Charlotte pour Vasconcellos, et par conséquent à sa trahison envers lui-même. Déjà le vieux gentilhomme avait cessé de parler que Bernard se taisait encore. M. de la Roque supportait impatiemment ce silence, dont il ne pouvait surveiller les mouvemens, et il l'interrompit tout à coup en disant d'un ton amer qui contrastait avec l'air de satisfaction qu'il venait de prêter à ses paroles :

— Est-ce que votre bonheur vous endort, monsieur le marquis ?

Bernard se leva d'un bond en s'écriant :
— Monsieur le baron, Charlotte me trompe, Charlotte vous trompe également ! j'en suis certain, je le jurerais !

Cette conviction soudaine, Bernard venait de l'acquérir dans cette espèce de résumé mental qu'il avait fait des actes de Charlotte, et comme tous les esprits inquiets et incertains, à l'instant où il parlait ainsi, Bernard avait cette conviction aussi entière, aussi complète que s'il avait été témoin de la trahison de sa maîtresse. Il faut dire aussi que la conduite de la fille du baron s'enveloppait d'un mystère qui pouvait permettre de l'accuser.

Quant au baron, il se leva tout à coup, comme si ce qu'affirmait Bernard était pour lui une nouvelle imprévue, foudroyante et à quoi rien ne devait le préparer.

— Marquis, s'écria-t-il, vous êtes trop honnête homme pour dire une pareille chose sans la croire sincèrement, sans en avoir des preuves !

— Monsieur le baron, reprit Bernard, les

femmes sont habiles en l'art de nous tromper, disiez-vous tout à l'heure : je crois à la trahison de Charlotte, mais si vous me demandez des preuves, je n'en ai pas de certaines.

— C'est qu'il m'en faut, à moi, pour me venger, pour punir! reprit le baron dans le désordre d'une douleur paternelle assez bien jouée pour tromper Bernard. Et ces preuves, je vous les demande, marquis. Elle voit tous les jours ce Vasconcellos, j'en suis sûr, mais ils m'échappent quand je crois les atteindre, ils se rient du pauvre vieillard aveugle, ils l'insultent, et je n'ai personne pour me venger.

—Oh! s'écria Bernard, je vous vengerai et je me vengerai, moi!

—Monsieur de Velay, reprit le baron, je ne vous demande qu'une chose. Quelle que soit votre détermination contre ce Vasconcellos, jurez-moi sur l'honneur que vous ne tenterez rien contre lui sans ma permission.

La colère de Bernard se révolta à cette proposition; mais le baron reprit aussitôt avec un accent et une autorité qui imposèrent à la fougue du jeune homme :

— Marquis, croyez-moi, je n'arrêterai pas votre bras quand il sera temps que vous frappiez ; mais mon droit doit passer avant le vôtre, et je vous désavouerais comme un homme d'honneur si vous profitiez comme eux de ma misérable infirmité pour faire passer votre justice avant la mienne.

Le marquis promit de se soumettre à cette décision de M. de la Roque, et celui-ci n'eut pas de peine à lui suggérer l'idée de se faire l'espion de toutes les démarches de Charlotte. L'occasion était prochaine ; la visite mystérieuse qu'elle voulait faire au sorcier de la ruine devait cacher quelques projets de trahison, peut-être les arrangemens d'une fuite avec ce Vasconcellos.

Bernard attendit le soir avec la plus vive impatience, bien décidé à obéir au baron et à lui redire fidèlement tout ce qu'il pourrait découvrir. Mais la nature impatiente du jeune marquis ne permit pas que les événemens s'accomplissent comme le baron de la Roque les avait arrangés.

Avant de raconter les derniers incidens de cette histoire si compliquée et cependant si simple, il faut en faire connaître le principal personnage, et pour cela nous allons donner à nos lecteurs le résumé d'un vieux manuscrit que nous possédons, où l'histoire de cet homme mystérieux est racontée avec une bonne foi que nos lecteurs comprendront s'ils veulent bien se rappeler que l'histoire des convulsionnaires de Loudun est contemporaine de Louis XII, et que ce ne fut que sous Louis XIV que furent rapportés les édits abominables qui ordonnaient les plus affreux supplices contre ceux qui se livraient à la magie. Du reste, nous n'extrairons de ce manuscrit que ce qui a rapport à l'intelligence de cette histoire. La vie de l'homme qui s'y trouve mêlé ferait la matière de dix volumes, si on voulait la raconter tout entière.

Giacomo-Leone Spaffa, prince de Puzzano, marquis de Veroni, naquit en Sicile, en 1655. La famille de Puzzano tenait un rang fort élevé, et ses dépenses étaient excessives, quoique les propriétés dont les Puzzano tiraient leurs revenus, fussent assez peu considérables.

On avait donc cherché d'où pouvaient venir ces immenses ressources, toujours prêtes à faire face aux caprices les plus coûteux, et l'on avait fini par découvrir, ou plutôt par soupçonner ceci : Le prince de Puzzano, propriétaire du château de Pallianti, assis sur les bords de la mer, et qui possède une espèce de petit havre parfaitement sûr et s'avançant jusque dans l'intérieur des jardins, le prince, disons-nous, passait pour ouvrir cet asile aux contrebandiers de toute sorte, et ce qui est bien pis, aux pirates des états barbaresques qui venaient s'y abriter des mauvais temps et de la poursuite des navires chrétiens.

L'accusation était grave, et il y avait de quoi perdre la famille Puzzano, lorsque le prince, qui était alors âgé de quarante-cinq ans, épousa la comtesse Fiamma de Landeoli, dont on disait plus de choses que nous n'en voulons raconter, mais qui passait pour ne se voir rien refuser par le vice-roi.

Quoi qu'il en fût, c'est de ce mariage, et plus tôt qu'il n'eût fallu pour un autre, que naquit Giacomo, notre héros. Sa jeunesse fut ce qu'elle devait être dans une position pareille à la sienne et affranchie de toute surveillance sévère. Giacomo était encore presqu'un enfant qu'il avait toutes les passions d'un jeune homme. A dix-sept ans, il enleva la fille d'un certain Bruzzone, intendant des revenus de la dominicale de Palerme, et la conduisit sur un navire de pirates, où il demeura pendant près de deux ans avec cette fille.

Cette insulte à un homme assez obscur, mais qui tenait aux affaires de l'église, fut plus fatale à la famille Puzzano que tous les actes coupables par lesquels elle avait pu violer les lois. On s'émut de cette longue impunité; les prêtres dénoncèrent en chaire l'infâme protection accordée par le prince aux pirates infidèles; et s'il n'eût quitté la Sicile, il est certain qu'il y eût été exposé aux ressentimens d'une population exaspérée.

Ce fut donc pendant cette escapade de Giacomo, que le prince de Puzzano se retira à Naples, avec une fortune considérable sans doute, mais privé des ressources qu'il trouvait dans la protection occulte qu'il accordait à tous les écumeurs de mer.

Or, pendant que le père expiait les folles amours de son fils, celui-ci, réfugié sur son vaisseau, avait surpris et attaqué un navire pisan sur lequel il avait trouvé une quantité considérable de marchandises. Ignorant ce qui était arrivé durant son absence, Giacomo avait mené la prise au château Pallianti, et avait été fort surpris de le trouver complétement abandonné et confié seulement à la garde d'un intendant et de quelques domestiques. Cependant il avait fait transporter sa prise dans le château et il y avait enfermé ses prisonniers.

Ce fut à cette occasion qu'il arriva à notre héros la première aventure qui se rattache en quelques points à l'histoire présente.

Parmi les hommes qu'il avait trouvés sur le navire pisan, étaient deux individus fort différens. L'un, nommé Festavanti, ne semblait point être affligé le moins du monde de la triste destinée qui l'attendait, car, ainsi que tous ses compagnons de captivité, il devait être rembarqué sur le navire pirate, et conduit dans quelque île de l'Archipel grec pour y être vendu comme esclave.

Ce Festavanti était un sculpteur de Vérone, qui passait pour faire des portraits d'une ressemblance surprenante, au moyen de l'emploi de la cire fondue, et colorés comme pouvait l'être la nature. C'était pour lui, disait-il, un moyen de fortune en tout pays.

Cet art, aujourd'hui tombé jusqu'à l'ornement des boutiques de coiffeurs, était alors considéré comme tenant presque à la magie, car ce n'était guère que lorsqu'il s'agissait de conjurations contre quelqu'un, qu'on employait ces images que Festava fabriquait dans la perfection. Cette réputation était allée assez loin pour éveiller les soupçons de l'inquisition ; et lorsque Festavanti fut rencontré par Giacomo Puzzano, il fuyait devant un ordre de comparution qui lui avait été signifié par le tribunal de la foi.

L'autre personnage dont Giacomo s'était emparé, était un juif de Milan, qui venait de réaliser à Pise une brillante opération et qui avait pris passage sur ce navire pour aller régler quelques affaires qu'il avait à Montpellier. Celui-ci, au contraire de Festavanti, ne cessait de pleurer et de maudire la fatale rencontre qui l'avait mise au pouvoir de Giacomo Puzzano.

Le jeune aventurier s'était singulièrement intéressé à Festavanti, qui lui avait montré sur son navire plusieurs échantillons de son savoir-faire. Ainsi, il avait fabriqué pour Giacomo un masque représentant si exactement la figure de l'un des matelots, que le soir, lorsque la clarté du jour commençait à tomber, il avait pu se mêler aux gens de l'équipage et qu'il avait été pris pour celui dont il avait emprunté le visage.

Ce talent de Festavanti l'avait fort bien fait venir de Giacomo, qui lui avait promis de faire sa fortune s'il voulait entrer à son service, ce que le modeleur en cire avait accepté avec empressement.

Cependant le jour était venu de faire rembarquer les prisonniers et de les envoyer sur quelque marché d'esclaves. D'après les arrangemens du capitaine de navire, tout homme retenu par Giacomo ou son père devait être payé comme s'il eût été vendu sur le marché. On était convenu d'un prix de trois cents écus pour Festavanti, lorsque le juif, qui s'appelait Ben-Aïssar, fit demander un entretien à Giacomo.

Malgré la rapidité que nous sommes obligés de donner à ce récit, nous rapporterons la conversation qui eut lieu entre le juif et Giacomo, pour montrer quelle fut la puissance de ce pacte étrange que nous avons retrouvé dans cette histoire.

Giacomo, informé du désir de Ben-Aïssar, le reçut en présence de Festavanti; il s'était couvert le visage d'un masque représentant la figure du capitaine moresque de son navire; il voulait faire l'essai du talent de Festavanti, et c'était une excellente occasion.

Le juif parut d'abord tout décontenancé, mais les premières paroles de Giacomo lui donnèrent quelque courage.

— Tu as fait demander une entrevue à mon associé, et je te l'ai accordée pour lui, dit-il à Ben-Aïssar; mais si c'est pour implorer ta grâce, ne te confonds point en vaines prières, ni en larmes, ni en promesses mensongères. Quand tu me promettrais et quand tu me donnerais cinquante fois la valeur de ta personne, tu ne pourrais obtenir ce que tu me demandes. Je ne veux pas que tu puisses rentrer en Italie pour me dénoncer aux magistrats, et tu es destiné à vivre et à mourir dans l'esclavage.

— En quoi le capitaine maure d'un navire a-t-il à craindre la dénonciation d'un pauvre juif? reprit Ben-Aïssar. Giacomo Spaffa seul pourrait avoir une pareille crainte, et je sais qu'il garde près de lui cet homme que voilà, et qui peut tout aussi bien que moi dénoncer sa complicité à la justice du vice-roi.

— Tu te trompes, juif, ce brave Festavanti a sur toi l'avantage d'avoir quelques démêlés avec la très sainte inquisition, et il connaît trop bien les façons de cette douce gardienne de la foi pour se mettre sous sa main. D'ailleurs, je ne vois pas ce qui peut revenir à mon associé, de ta liberté, et je suis garant qu'il ne dépensera pas une pièce d'or pour te la garder.

— Que Dieu vous rende plus humain! dit le juif; vous m'avez pris mes trésors que je vous abandonne sans regret; mais ce n'est pas seulement parce que Festavanti est mal avec la très sainte inquisition que le brave Giacomo te garde près de lui, c'est à cause du très mince talent qu'il a de modeler des figures en cire qui ne trompent personne.

— Tu trouves! s'écria Festavanti, regardant Giacomo d'un air de triomphe.

— Je ne dis pas, reprit le juif, qu'à la première vue ce masque qui recouvre le visage du seigneur de Puzzano ne pût tromper un homme qui n'aurait aucun intérêt à y regarder ; mais, continua le juif pendant que Giacomo ôtait son masque, si tes empreintes étaient soumises à l'examen de la loupe et du pouce, et que l'œil d'un Lombard en examinât chaque trait, ce serait une ruse bien vite découverte, tandis que celles que je fabrique, moi, défieraient les plus fins usuriers d'Italie.

—Hein? fit le jeune prince, de quoi parles-tu, maître juif? Quelles empreintes fabriques-tu si bien ?

—Eh! mais, répartit Ben-Aïssar, celles qui donnent à un morceau d'étain et d'antimoine l'aspect et la sonorité d'un écu d'argent ! C'est un déguisement plus profitable que ceux que peut procurer la cire de maître Festavanti.

— Et probablement, dit Giacomo, les trésors que tu nous abandonnes avec tant de générosité ne sont point faits d'autre matière ?

— Il y a de tout, monseigneur ; mais c'est une chose qui a besoin de solitude et de secret qu'un pareil commerce, et si je possédais un château pareil à celui-ci, je voudrais, en quelques années, y devenir plus riche que le souverain de toutes les Espagnes.

Ceci donna singulièrement à réfléchir à Giacomo, et il dit au juif :

— Et comment as-tu découvert ce secret ?

— Ma foi, dit le juif, j'ai passé trente ans de ma vie à poursuivre le grand œuvre ; j'ai perdu dans mes fourneaux plus d'or et plus d'années que je n'en puis espérer, et, à force d'alambiquer, j'en suis venu à cette vérité que pour avoir de l'or, il fallait n'en pas faire.

Ce fut à la suite de cet entretien que se

forma entre les trois personnages dont il est question, l'association qui plus tard devait embrasser une province tout entière.

Pour arriver à son but, Giacomo se fit initier aux secrets d'alchimie de Ben-Aïssar et à l'art de Festavanti. Mais trop jeune pour user avec discrétion du pouvoir qu'il avait entre les mains, il s'en servit pour satisfaire toutes ses passions. Caché sous des masques divers, il avait surpris plus d'un secret de famille et s'était donné ensuite le plaisir de les divulguer.

Quelques indiscrétions de ce genre et les travaux d'alchimie auxquels il se livra, suffirent à le faire considérer comme adonné aux sciences occultes et en relation directe avec le diable. Le prince, son père, était mort en quelques jours, et on n'avait pas craint de dire que Giacomo avait hâté cette mort, ce qui était une horrible calomnie. Les plus cruels soupçons planaient sur lui, et déjà il songeait à s'y soustraire par la fuite, lorsqu'il fut arrêté et incarcéré.

Son procès dura plus de deux ans, et, ce qu'il y a de singulier, c'est que presque tous les instrumens dont il se servait pour la fabrication de la fausse monnaie, les masques qu'il avait revêtus, furent saisis sans que l'esprit des juges se tournât un moment du côté de la vérité.

Les fourneaux et les alambics ne servaient,

selon eux, qu'à la confection des philtres et breuvages enchantés ; les masques étaient l'image des personnes qu'il voulait vouer aux puissances infernales ; enfin, après les plus minutieuses instructions, Giacomo fut condamné à être brûlé comme sorcier. Sa famille fut enveloppée dans cet arrêt ; sa mère fut exilée de Naples avec sa fille Léonore, alors âgée de sept ou huit ans, et rien ne put sauver le prince Puzzano, même de la honte d'un supplice public.

Ce fut en cette circonstance que le génie inventif de Festavanti se manifesta ; et si le fait que nous allons rapporter n'était attesté par de nombreux témoignages, nous hésiterions à le raconter.

Selon le jugement rendu par le tribunal de la très sainte inquisition, le prince de Puzzano fut extrait de sa prison, conduit jusqu'au quai de la Chiaïa, où était dressé le bûcher. Il y fut placé, le feu fut mis aux matières inflammables qui l'entouraient, et il disparut aux yeux de la multitude dans les flammes et la fumée.

Cependant il n'y périt pas. Le stratagème par lequel les amis de Puzzano l'arrachèrent à la mort n'avait rien que de bien simple. Ces amis étaient déjà nombreux, ils étaient déjà associés non point au secret de la fabrication, dont le siége principal était à Pallianti, mais aux secrets de l'association, et Puzzano était leur espoir et leur chef. Pour endormir la prudence des juges et du pouvoir, nulle sollicitation ne fut faite pour le sauver, nulle menace pour retarder son supplice. Au contraire, les plus intéressés à l'arracher à la mort n'avaient pas assez d'anathèmes contre l'infâme sorcier qui se livrait à d'horribles manœuvres avec le malin esprit.

Dans la conviction où on laissait tout le monde, que personne ne songeait à sauver Puzzano, le bûcher fut dressé sur le quai de la Chiaïa, précisément à l'endroit où l'un des plus vastes égouts de Naples traverse ce quai et se dégorge dans la mer. Au centre du bûcher, un espace libre avait été laissé, recouvert de quelques légers fragmens de bois mobiles que le condamné pouvait facilement écarter avec ses pieds.

Dans la nuit où le bûcher avait été construit, les dalles du sol avaient été enlevées, la terre avait été fouillée et la voûte de l'égout percée. Une légère échelle en bois, destinée à être consumée par le feu supérieur, conduisait de la plate-forme jusque dans l'égout, à l'extrémité duquel se tenait un canot qui devait recevoir Puzzano. Tout se passa à merveille, et les familiers de la très sainte inquisition chantaient encore autour du bûcher, arrangé de manière à répandre une fumée très intense, que Giacomo était déjà à une demi-lieue du golfe de Naples, et montait sur un brigantin qui le conduisait en France.

Giacomo avait alors vingt-cinq ans, et la leçon qu'il venait de recevoir ne lui profita que faiblement ; car, au lieu de le corriger des entreprises dangereuses, elle lui inspira le goût des aventures romanesques.

Ce fut vers 1680 que se passa cet événement, et ce fut à cette époque que Giacomo, qui était venu rejoindre son compagnon Festavanti, arma plusieurs galères et reprit tout à fait le métier de pirate.

Pour s'assurer au moins la protection d'une puissance quelconque, il s'était fait mahométan et avait établi le siége de ses opérations à Tripoli. C'est là qu'il commença à fonder ses rapports commerciaux avec toutes les puissances de la côte d'Afrique, et c'est là qu'il fit connaissance avec le comte de Frias, qui était alors gouverneur des Présides. L'impunité que celui-ci assura plusieurs fois à Puzzano ne peut faire douter qu'il ne fût déjà un de ses complices. Cependant, tout se bornait encore à des courses en mer, lorsque l'aventure suivante dirigea d'un autre côté les entreprises de Giacomo et des siens.

D'après le portrait que nous avons fait de Pastourel au commencement de cette histoire, on doit croire qu'il était, dans sa jeunesse, d'une beauté remarquable. Cette beauté était le plus grand ennemi de Giacomo (car Giacomo et Pastourel sont le même individu). En effet, il rencontrait peu de femmes qui ne se laissassent prendre à cette allure déterminée, à ce regard hardi, à cette parole hautaine que lui avait donné l'exercice d'un pouvoir sans limite, et alors ni le soin de sa sûreté, ni entreprise si fructueuse qu'elle fût, ne pouvaient l'arracher aux liens qu'il s'imposait.

Notre mission n'est pas de raconter toutes les aventures singulières qui signalèrent la vie extravagante de cet homme, mais nous leur devons le récit de celle qui le rattache directement à cette histoire.

Nous prions nos lecteurs de se rappeler que la princesse de Puzzano, mère de Giacomo, avait été exilée. Elle s'était retirée en France, où on lui avait donné la ville de Toulouse pour résidence, et c'est là qu'elle habitait avec sa fille Léonore ; c'est là que Giacomo venait la voir souvent, tantôt sous un déguisement, tantôt sous un autre, sans que Léonore elle-même sût qui était cet étranger dont toutes les visites étaient suivies de présens magnifiques. Ceci posé, voici quelle fut la rencontre qui fut pour ainsi dire le point de départ de tous les événemens que nous avons racontés à nos lecteurs.

VI

Comme nous l'avons dit, le prince de Puzzano rendait des visites à sa mère, tantôt
sous un costume, tantôt sous un autre, mais
ce qui le cachait encore mieux que cette di-

versité de vêtemens, c'était l'art avec lequel il changeait sa physionomie et presque les traits de son visage, sans toutefois se servir des masques de Festavanti.

— Mais, soit qu'il portât des cheveux blonds ou noirs, qu'il donnât à sa figure une blancheur délicate ou la teinte olivâtre et brune d'un Espagnol, soit qu'il courbât sa taille et ridât son front comme un vieillard, soit qu'il se donnât l'aspect d'un jeune étudiant de l'Université, Giacomo portait toujours en lui un air d'autorité, de commandement et de force morale qui le faisaient remarquer.

Or, un soir qu'après une absence de trois ans il se rendait chez sa mère par une rue déserte, déguisé en muletier des Pyrénées, il s'arrêta en attendant marcher avec précaution derrière lui, car il était de cet avis qu'il vaut mieux avoir ses amis et ses ennemis devant que derrière. La nuit était sombre et à cette époque Toulouse, pas plus qu'aucune autre ville de France, n'était éclairée par des lanternes d'aucune espèce. Chacun portait avec soi ses moyens de défense, et Giacomo était nanti d'un long couteau catalan et d'un énorme bâton noueux.

Probablement l'individu dont il avait entendu les pas avait la même opinion que lui sur la position respective que doivent garder deux individus qui se craignent l'un l'autre, car Giacomo ne fut pas plus tôt arrêté, que les pas qu'il entendait derrière lui s'arrêtèrent aussi.

Cette circonstance fit supposer à notre aventurier qu'il avait été observé, et peut-être reconnu, car son costume n'était pas de nature à exciter la cupidité de simples voleurs. Il savait que, depuis quelque temps, son existence était soupçonnée à Naples, et il n'eût point été surpris que l'avis en eût été transmis aux magistrats de Toulouse.

A ce propos, et pour que ceci ne choque point nos lecteurs, il faut leur dire que parmi les priviléges que s'arrogeaient quelques parlemens, il faut compter celui que réclamaient quelques uns d'entre eux, de traiter directement de certaines affaires, même avec les gouvernemens étrangers. Les états du Languedoc avaient montré jusqu'à quel point ils poussaient cette prétention, lorsque, sous François 1er, ils mirent en délibération le traité par lequel la France rendait une partie de la Franche-Comté en échange de la liberté du roi. A cette époque, les états reçurent comme corps souverain les ambassadeurs espagnols et discutèrent directement avec eux.

Le parlement de Toulouse, comme tous les autres, s'était fait l'héritier des prétentions des états, et quoique le gouvernement absolu de Louis XIV eût réduit ces prétentions à bien peu de chose, cependant quelques prérogatives, plutôt tolérées que reconnues, avaient échappé à la jalouse autorité du roi, et parmi ces prérogatives, il faut compter celle de la police générale de la ville, que le parlement étendait jusqu'au droit d'extradition.

Le prince de Puzzano le savait; il savait que si un agent du gouvernement napolitain venait demander son arrestation, le parlement l'accorderait, moins par amour de la justice que pour exercer le pouvoir qui lui échappait chaque jour, et le faire connaître par un acte éclatant. Voilà pourquoi il s'alarma tout-à-fait lorsqu'il entendit les pas qui le suivaient s'arrêter en même temps que les siens; car, ainsi que nous l'avons dit, il n'était pas vêtu de manière à ce que des voleurs pussent espérer faire une bonne affaire avec lui.

⁂

L'endroit où s'arrêta Giacomo était longé par le mur. Il se hissa dans la haye et attendit que l'individu qui le suivait reprît sa marche. Au bout de quelques minutes, il entendit de nouveaux pas, mais ils venaient de l'extrémité opposée de la rue, de façon que Giacomo dut se croire pris entre deux ennemis. Sa première pensée avait été de fuir. A ce moment, il se décida à se débarrasser de l'un des assaillans, et pour cela il allait quitter l'enfoncement où il se trouvait, lorsqu'il entendit tirer avec précaution les verroux intérieurs de la porte. Par un mouvement machinal, il la poussa, entra dans le jardin et se trouva en face d'une femme qui lui dit de la voix la plus douce du monde :

— Vous êtes venu bien tard, monseigneur.

Giacomo avait été exposé à trop de dangers, il avait engagé sa vie dans trop d'entreprises aventureuses, pour ne pas avoir cette présence d'esprit qui tire parti de la circonstance qui se présente ; au premier mot, il jugea qu'il était entré à la place d'un galant de haute volée, puisqu'on l'avait appelé monseigneur ; il jugea que la femme qui donnait des rendez-vous pareils devait avoir beaucoup de ménagemens à garder, puisqu'elle y mettait tant de mystère, et il répondit avec assurance :

— Monseigneur ne peut pas venir ce soir, et il m'a envoyé pour vous en donner avis.

Un cri d'effroi et de douleur répondit à cette déclaration.

— Quoi! il ne peut pas venir aujourd'hui... Mais c'est impossible!... Ou bien m'abandonnerait-il?

L'esprit de Giacomo était ainsi fait, qu'à cette réponse tout ce qu'il avait éprouvé de craintes personnelles s'évanouit et qu'il ne ressentit qu'une vive curiosité de connaître l'aventure à laquelle il se trouvait mêlé si vivement.

— Monseigneur est incapable de vous abondonner, mais une affaire très grave...

— Il ne vous a rien dit de plus?

— Monseigneur ne confie point tous ses secrets à ceux qu'il emploie, et, bien qu'il m'ait jugé digne de m'envoyer ici, il no m'a point dit la raison qui l'empêchait de venir.

Un assez long silence suivit cette réponse de Giacomo; puis tout à coup cette femme répartit avec un accent étrange de résolution :

— Eh bien! dites à votre maître que, puisqu'il ne peut pas venir ce soir, il est inutile qu'il revienne jamais ; mon sort est fixé, je saurai accomplir le sacrifice.

— Ne prenez point de parti désespéré, ma belle dame, dit Giacomo. Je ne suis point sans influence sur la volonté de monseigneur, bien que je ne paraisse être que peu de chose à côté de lui, et si je savais quel appui, quel secours vous en attendez, peut-être pourrais-je le décider à tenir ses promesses.

— Je vous remercie, répondit la femme à qui s'adressait Giacomo, mais je ne voudrais pas devoir à une influence étrangère ce que sa reconnaissance ne lui a pas dicté en ma faveur.

Ce mot changea les idées de Giacomo; une maîtresse abandonnée ne parle pas de reconnaissance, et il fut peut-être plus curieux de savoir ce que pouvait être une intrigue procédant par rendez-vous nocturnes et dans laquelle il n'était pas question d'amour.

— Ecoutez, madame, reprit-il, je crois être certain que monseigneur ne demande pas mieux que de vous prouver sa reconnaissance, mais encore faudrait-il lui en laisser le temps et les moyens, et si vous vouliez me dire où il pourrait vous revoir demain matin et ce qu'il aurait à faire jusque-là, je suis certain qu'il n'y manquerait pas.

Un nouveau silence suivit cette déclaration;

mais au moment où l'inconnu allait répondre, les pas que Giacomo avait entendus se rapprochèrent de la porte des deux extrémités de la rue et s'arrêtèrent presque en même temps auprès de cette porte. On eût dit que les deux individus qui se rencontraient s'observaient avant de continuer leur chemin. Enfin, l'un d'eux prit la parole et dit à l'autre :

— Il paraît, monsieur, que vous êtes arrivé à l'endroit où vous voulez enter, car vous ne poursuivez pas votre route.

— Ma foi, monsieur Barati, répartit le second, vous avez deviné juste; mais il paraît que nous allions au même endroit, puisque vous vous arrêtez comme moi.

— C'est lui ! murmura la jeune femme d'un d'un ton stupéfait ; que me disiez-vous donc ?

— Il aura été libre plus tôt qu'il ne pensait, répartit tout bas Giacomo, pendant que celui qu'on avait appelé Barati répondait :

— Oui, monsieur le duc, je suis arrivé à l'endroit où j'allais, mais ce n'est pas pour y entrer comme vous, mais pour empêcher d'y entrer.

Le bruit d'une épée sortant du fourreau se fit entendre, et le duc répliqua aussitôt :

— Allons donc, monsieur l'avocat, je vais être obligé de balayer la porte.

— Monsieur de N..., répliqua Barati, vous me connaissez assez pour savoir qu'une épée me fait pas peur.

— Non, de par Dieu! monsieur, car je vous ai vu remettre en plein parlement l'épée d'honneur qu'il accorde tous les ans à celui des écoliers de l'Université qui remporte le prix de l'escrime (1); mais nous autres gentilshommes, nous avons une façon de nous servir de cette arme qui déjouera votre habileté: ainsi je vous conseille de me livrer passage, ou bien il y aura de votre faute si je vous tue.

— Nous ne nous battrons pas, vous ne

---

(1) Cet usage durait encore en 1780.

me tuerez pas, et vous n'entrerez pas, dit Barati, car il me suffira d'un mot pour vous arrêter. Je sais ce que vous allez faire dans cette maison.

— Parbleu! dit le duc en riant, vous avez trouvé là une raison fort divertissante à mon gré. Vous savez que je vais chez M. le président Lostanges pour rompre votre mariage avec sa fille, la belle Armande; je ne m'en cache point.

— Mais je sais, répartit Barati, par quel moyen vous comptez y réussir.

— Ce moyen, je ne le cache pas non plus : je vais dire au président que vous, maître

Barati, avocat au parlement, vous avez soustrait des pièces d'un procès qui vous avaient été confiées en mon absence, une lettre de mon oncle le marquis de S....., écrite à ma mère, et qui prouvait mes droits comme son héritier, et qui annulait les clauses du testament qu'il avait fait antérieurement.

— Cette lettre existe et je la possède, monsieur le duc, dit Barati; je puis vous la remettre, mais il faudra la produire telle qu'elle est si vous voulez revenir sur ce procès, et je vous déclare que cette lettre renferme la phrase suivante :

« Malgré l'aveu que vous m'avez fait de

votre faute, quoique je sache que votre fils n'ait aucun droit ni au nom qu'il porte ni à la fortune qu'il a recueillie, je détruirai le testament que j'ai fait à son préjudice. Maintenant qu'un arrêt du parlement a légitimé sa naissance, je ne veux pas laisser planer sur le nom qu'il porte le plus léger soupçon, et je ferai le sacrifice de mon ressentiment à l'honneur de ma famille. »

Le duc ne répondait point et Giacomo riait en lui-même du secret qu'il venait d'apprendre, lorsque Barati continua :

— Par quelles raisons ce testament n'a-t-il pas été révoqué, je ne puis vous le dire, mais voilà quel était votre titre, et j'ai cru faire office de bon avocat en le supprimant.

— Et vous ferez office d'ami en me remettant cette lettre, maître Barati. Mais où diable ma mère avait-elle l'esprit lorsqu'elle m'écrivait qu'elle avait laissé dans ses papiers une lettre qui m'assurait l'héritage de mon oncle ?

— Elle avait peut-être oublié le préambule qui précédait la déclaration.

— On n'oublie pas ces choses-là, maître Barati. Ma mère était une femme de tête; mais enfin, quoi qu'il en soit, allons chez vous, montrez-moi l'écrit en question, et je vous promets de ne point me mêler de vos affaires amoureuses et matrimoniales ; car, soit dit entre nous, c'était plutôt pour vous punir de votre soustraction que pour protéger cette bégueule d'Armande que je m'étais chargé de cette sotte commission. Venez... venez...

VII

A l'instant même, les deux individus s'éloignèrent, et Giacomo se retrouva seul avec mademoiselle Armande de Lostanges, dont il se trouvait savoir le nom et la position sans qu'elle se doutât devant qui on venait de parler.

Pendant cet entretien, Armande avait gardé un profond silence ; mais lorsqu'ils furent partis, elle murmura sourdement entre ses dents : — Ce duc de N... est un lâche.

— Ma foi, ma belle demoiselle, reprit Giacomo d'un ton tout-à-fait différent de celui qu'il avait affecté jusque-là, à sa place, je n'aurais peut-être pas résisté à un argument aussi direct que celui que ce jeune Barati lui a porté, mais ce que le duc de N... ne peut pas faire, un autre peut le faire à sa place, et cet autre, c'est moi.

— Vous, monsieur, reprit mademoiselle de Lostanges... vous ne pouvez avoir sur mon père l'influence de M. le duc de N... Ce n'est pas seulement en accusant M. Barati de cette soustraction qu'il eût amené la rupture d'un mariage décidé par mon père et auquel mes larmes et les prières de ma mère n'ont pu le faire renoncer.

— Si le moyen que possédait le duc de N... est bon, il peut être aussi puissant dans une autre main que dans la sienne. Ce moyen, le connaissez-vous ?

Ce ne fut qu'en ce moment qu'un peu de terreur s'empara d'Armande et qu'elle s'aperçut combien il était étrange à elle de parler avec cette confiance et d'une affaire si particulière à un homme qu'elle ne connaissait pas et qui ne s'était annoncé que comme un émissaire sans doute très subalterne de M. le duc de N...

Elle reprit donc d'une voix tremblante :

— Je vous remercie de la protection que vous m'offrez, monsieur, mais je ne puis ni ne dois l'accepter d'un inconnu.

— Et d'un muletier, dit Giacomo en riant. Eh bien, ma belle demoiselle, je ne vous demande plus qu'une chose : à quel jour est fixé le mariage que vous voulez empêcher ?

—A demain.

— A demain ! c'est bien proc... in pour pouvoir prendre quelques mes... es, si vous ne voulez rien me dire. Si javais eu seulement huit jours, trois jours devant moi, je vous promets que ce mariage ne se ferait point, car vous m'intéressez vivement, et je ne sais pourquoi je me sens fort mal disposé pour ce M. Barati, et fort curieux de faire repentir M. le duc de N... de sa lâcheté.

Le ton dont furent prononcées ces paroles appartenaient trop à un homme d'un rang supérieur pour que mademoiselle de Lostanges ne comprît pas que le vêtement du muletier cachait un personnage plus important.

— Qui êtes-vous donc, monsieur, lui dit-elle, car vous n'êtes pas assurément une personne au service du duc de N..., comme vous me l'avez dit?

— Ecoutez, ma belle demoiselle, reprit Giacomo, voici ce qui m'est arrivé.

Il lui raconta alors, mais avec des restrictions nécessaires à sa sûreté, comme il avait craint d'être attaqué dans la nuit, comment il s'était réfugié dans l'embrasure de la porte du jardin, et comment il avait, sans le vouloir, surpris ce secret.

— Cela ne me dit pas qui vous êtes, reprit

mademoiselle de Lostanges, qui éprouva alors une terreur très vive.

— Je ne puis vous le dire, répartit Giacomo, car mon nom doit rester à jamais ignoré. Mais il n'en est pas moins vrai que j'ai le désir et la volonté de vous servir. Cela me plaît, me séduit, et peut-être le danger que je pourrai y courir rend-il mon désir encore plus vif. Ayez confiance au hasard, mademoiselle; il nous protége mieux bien souvent que les combinaisons les mieux calculées. Dites-moi quelle était cette *ultima ratio,* je veux dire ce suprême moyen, que le duc avait de faire renoncer votre père à ce mariage, et je vous donne ma parole de gentilhomme que je m'en servirai pour votre seule défense.

Armande

— Ce moyen, monsieur, est un secret que je ne puis révéler ainsi au premier venu, car il intéresse des personnes qui sont déjà exposées à trop de dangers pour que je veuille les accroître. Ce secret, monsieur, eût fait, j'en suis sûre, changer la volonté de mon père, dont la rigidité n'eût pas pardonné à M. Barati une trahison en faveur de gens ennemis du roi et de la religion; mais ce secret serait cependant resté sans danger pour ceux qu'il concerne, du moment qu'on l'eût confié au père de famille et non point au magistat.

— Je ne suis point magistrat, mademoiselle, et je n'en abuserai pas plus que ne ferait monsieur votre père. Mais, puisque vous le savez, pourquoi ne le révélez-vous pas vous-même à M. de Lostanges?

— Il ne me croirait pas, monsieur : la résistance que j'ai opposée jusqu'à ce jour à ses volontés lui ferait considérer cette révélation comme une calomnie... Et, quand j'y pense, je vous le dirais, que vos avis ne seraient pas mieux reçus, car il n'y a que le duc de N... qui puisse connaître les relations de M. Barati avec la princesse de Puzzano, de manière à convaincre mon père de la vérité de tout ce qu'il lui dira à ce sujet.

On doit comprendre l'effet que produisit ce nom sur Giacomo. Depuis qu'il avait quitté sa mère, il ne savait pas quelles nouvelles relations elle avait pu établir soit avec Barati, soit avec le duc de N..., et il se trouvait tout à coup mêlé à une intrigue qui avait d'abord paru devoir lui être tout-à-fait étrangère.

— La princesse de Puzzano, reprit-il vivement, a des relations avec ce Barati, et sans doute avec le duc de N...! Eh bien! mon enfant, que vous m'en disiez ou non davantage, je vous réponds que je mettrai des bâtons dans les roues du projet de maître Barati ; ce que vous m'avez appris me suffit, car je me rends de ce pas chez la princesse de Puzzano.

— Mais vous ignorez donc qu'elle a quitté Toulouse hier ?

— Elle a quitté Toulouse! s'écria Giacomo d'un ton si stupéfait, si vrai, qu'Armande comprit que l'homme qui parlait ainsi connaissait la princesse et éprouvait une surprise et un effroi réels de ce départ qu'il ignorait.

— Oui, monsieur, répartit Armande, et il lui a été assigné une nouvelle résidence plus éloignée et plus solitaire : on lui a donné la ville de Mirepoix pour refuge, avec menace d'exil si elle la quitte un seul jour.

— Et ce Barati a été mêlé à cette persécution? dit Giacomo d'un ton sombre... Je vous le jure... il s'en repentira...

— Mais, non, monsieur, au contraire, il

était de moitié dans les intrigues qu'elle ourdissait à Toulouse, et dont le duc de N... possède les preuves.

Cette fois, ce fut Giacomo qui se tut.

» Diable, se disait-il, si ce Barati est pour les miens, je ne vois pas trop comment je me mettrai contre lui. »

Cependant sa curiosité ne faisait que s'accroître à chaque moment, et il reprit :

— Mais, enfin, quelles intrigues la princesse Puzzano, une pauvre femme abandonnée, peut-elle ourdir, qui soient contre la religion et contre l'état, et auxquelles se trouve mêlé ce M. Barati?

— C'est ce qu'il ne m'appartient pas de vous dire...

— Mais c'est ce qu'il faut que je sache absolument! s'écria Giacomo avec un mouvement si violent qu'il épouvanta Armande.

Elle se recula et poussa un cri.

— Ne vous épouvantez pas, mon enfant, reprit Giacomo d'un ton plus doux; le hasard, auquel je vous priais de vous confier tout à l'heure, a fait que je suis peut-être aussi intéressé que vous à connaître le secret de ces intrigues. Ah! on a exilé la princesse du Puzzano! De par le diable! je saurai qui lui a valu cette nouvelle persécution, et celui qui en est coupable me le paiera, je vous en réponds.

— Monsieur, monsieur, dit Armande, vous me faites peur... Je ne veux appeler de dangers sur la tête de personne, et si vous ôtes un ami de la princesse de Puzzano, comme votre colère peut me le faire croire, n'oubliez pas que je n'ai point voulu vous dire son secret pour ne point la compromettre.

— Vous avez raison, mademoiselle, répartit Giacomo ; mais puisque vous avez compris si bien que j'avais quelques raisons de m'intéresser à la princesse, vous me direz ce secret pour que je puisse la protéger.

Armande hésita et reprit après un moment de silence et avec une vive anxiété :

— Je ne le puis pas, monsieur, je ne le puis pas !

—Comme il vous plaira ; mais ce secret, je le saurai alors de maître Barati, à qui je vais le demander à l'instant même.

Giacomo fit un mouvement pour sortir ; mais Armande le retint avec une terreur véritable et lui dit :

— Maître Baratî, monsieur, accusera, j'en suis sûre, des personnes qui, je vous [le jure, sont très innocentes. N'allez pas chez lui.

— En ce cas, il faut, que vous me disiez vous-même la vérié, car, je vous le répète, il faut que je la sache.

— Eh bien ! promettez-moi de ne pas vous en armer contre mon père, et je vous la dirai...

— Ah ! fit Giacomo, je commence à comprendre. Est-ce que, par hasard, monsieur vôtre père serait de ceux qui ont voulu persécuter la princesse de Puzzano ?

— Mon père, reprit Armande, remplit sévèrement ses devoirs, mais il est incapable d'une persécution.

— Bien, très bien, fit Giacomo. Nous verrons à apprécier la mesure qu'il y a mise... Et M. Barati, qu'a-t-il fait en tout ceci ?

— Eh bien ! monsieur, puisqu'il faut tout vous dire, il a abusé de la confiance de mon père, qui lui a révélé les mesures qu'on voulait prendre pour saisir chez la princesse de Puzzano les preuves de l'existence de son fils, un misérable, coupable de tous les crimes ; il a averti madame de Puzzano, et on n'a rien trouvé chez elle.

— Mais ce mari me paraît un très galant homme, dit Giacomo en riant, et, à votre place, je serais fort ravi de l'épouser.

— Monsieur, reprit Armande, si c'était générosité de sa part, je le concevrais; mais ce n'est pas pour sauver une femme exilée qu'il l'a fait, c'est pour...

Au moment où elle allait continuer, une voix se fit entendre appelant mademoiselle de Lostanges, qui dit rapidement à Giacomo :

— Ah! monsieur, monsieur, si vous ne pouvez me protéger, du moins ne vous armez contre personne de tout ce que je vous ai dit.

— Je ne m'en armerai que pour vous tenir ma promesse, dit Giacomo. Je vous jure que vous n'épouserez point maître Barati, j'en fais mon affaire. Seulement, enseignez-moi où il demeure.

Armande donna à l'inconnu l'adresse de l'avocat, et elle disparut dans le jardin, tandis que Giacomo le quittait et se dirigeait vers la demeure du jeune avocat.

VIII

Un quart d'heure après cet entretien, Giacomo frappait à la porte de Barati. L'heure était indue, et l'on fut assez long-temps avant de lui ouvrir; le domestique qui se présenta voulut même repousser l'importum, mais Giacomo l'écarta vivement, pénétra dans la maison et ordonna à ce serviteur, d'une voix assez haute pour être entendue de Barati, d'aller dire à son maître qu'un muletier de la montagne, qui avait passé par Mirepoix, voule voir à l'instant même.

En procédant de cette façon violente, notre aventurier voulait s'assurer de la vérité de ce que lui avait dit Armande, et il ne put en douter lorsqu'il entendit la voix de Barati crier avec empressement :

— Faites monter, faites monter !

— Giacomo entra dans le cabinet de Barati.

C'était à cette époque un homme de vingt-quatre à vingt-cinq ans, déjà vieilli de visage par l'étude, mais respirant dans tous ses traits une activité morale extraordinaire, et taillé dans des proportions qui dénotaient aussi une vigueur et une souplesse physiques très remarquables.

A côté de Barati était assis un homme à peine âgé d'un ou deux ans de plus que lui, d'une taille élevée et portant dans sa tenue et sur son visage la conscience d'un mérite que l'expression de sa physionomie n'annonçait point. En effet, il y avait plus d'insolence que d'intelligence dans cette figure d'une beauté grossière et herculéenne, et Giacomo, en devinant qu'il était devant le duc de N..., se rappela ce qu'il venait d'entendre, ce qui avait fait le sujet d'un procès scandaleux et ce que nos lecteurs peuvent se rappeler que d'Auterive avait reproché à M. le duc de N..., au sujet de sa naissance.

— Vous criez bien haut, l'ami, dit Barati au muletier, et ce n'est pas ainsi qu'on entre dans une maison honnête.

— La maison est-elle honnête, d'abord? dit Giacomo. Voilà la question.

— Hein? fit Barati.

— Et quand elle le serait, aurais-je eu tort

de crier si haut puisque c'était le seul moyen d'y entrer ?

— Le drôle a de l'esprit, fit le duc en riant.

Giacomo, qui venait de s'entendre traiter de misérable par Armande, et que cette injure n'avait point ému dans la bouche d'une jeune fille qui devait croire toutes les horreurs qu'on avait pu lui raconter sur le prince de Puzzano, Giacomo se sentit blessé du ton dont le duc de N... parla de lui, bien que ce ton n'eût rien d'extraordinaire vis-à-vis d'un muletier.

— Oui, vraiment, répliqua Giacomo, j'ai de l'esprit, c'est un héritage de famille, et du moins l'héritage m'est arrivé intact.

Le duc de N... eût bien voulu ne pas comprendre cette allusion ; mais Barati, que le ton cavalier du muletier avait d'abord irrité, envoya d'un regard et d'un sourire l'allusion à son adresse, si bien que le duc s'écria avec violence :

— Que veut dire ce misérable ?

— Pas tant de colère, monsieur le duc, dit Giacomo : ni les grands noms, ni les grands airs, ni les grandes épées ne me font peur. J'ai à vous parler d'affaires sérieuses, et le calme est nécessaire. Maître Barati, faites en sorte que personne ne puisse nous entendre.

Barati, persuadé qu'il avait devant lui un

émissaire de la princesse de Puzzano, ferma exactement les portes et dit alors à Giacomo :

— Quelles nouvelles m'apportez-vous ?

— Une nouvelle fort importante, maître : celle de l'arrivée dans le pays de Giacomo Spaffa, prince de Puzzano.

Barati changea de couleur et jeta un regard de détresse sur le duc.

— Je sais, dit Giacomo, qui devinait le motif de l'épouvante du jeune avocat, je sais que M. le duc est assez mal disposé pour les Puzzano, puisqu'il avait promis à mademoiselle Armande de Lostanges de rompre votre mariage avec elle en révélant à son père que vous aviez averti la princesse de faire disparaître toutes les preuves de l'existence de son fils Giacomo ; mais je sais aussi, maître, que vous possédez une lettre qui peut faire taire M. le duc tant qu'il vous plaira, et je ne vous suppose pas assez imprudent pour la lui avoir remise, quoiqu'il soit ici pour cela.

Cette fois, le duc et Barati se regardèrent avec une stupéfaction inouïe, et Barati reprit aussitôt :

— Qui a pu vous dire ?... d'où savez vous ?...

— Cela vous sera expliqué en temps et lieu, dit Giacomo ; mais, avant toutes choses, répondez-moi : Où en sont les soupçons du parlement relativement à l'existence de ce Giacomo, et quelles mesures la princesse doit-elle prendre pour sa sûreté ?

La manière dont cet homme s'exprimait était de nature à faire croire qu'il connaissait toutes les relations de la princesse de Puzzano avec Barati. Cependant celui-ci hésitait encore à parler devant le duc, mais Giacomo, qui devina le motif de cette hésitation, lui dit aussitôt :

— Si M. le duc n'est pas des nôtres, c'est qu'il n'a pas bien réfléchi que c'était son intérêt ; je me charge de le lui prouver tout à l'heure. Parlez donc devant lui, parlez sans crainte.

— Que ce soit ou non mon intérêt, répartit le duc, vous pouvez vous expliquer devant moi, maître Barati : je vous donne ma parole de gentilhomme que ce sera pour moi lettre close, et que je n'aurai rien entendu.

— En vérité, reprit l'avocat, il n'y a pas grand'chose à dire après ce que vous venez d'apprendre vous-même à M. le duc. Un avis a été donné que le prince Giacomo de Puzzano existait encore ; son arrestation a été demandée au parlement, qui l'a promise, et qui espérait trouver la trace du prince par quelque lettre qu'il saisirait entre les mains de la princesse.

— Je sais tout cela, dit Giacomo, qui avait, depuis quelques instans, remarqué une riche cassette sur le bureau de l'avocat. Vous avez averti la princesse de ce dessein après en avoir été instruit par M. de Lostanges, et pour ce service elle vous a payé généreusement.

— Qu'est-ce à dire? s'écria Barati. La pitié seule...

— Et cette cassette qui ne vous a pas été remise vide. Voilà ce qui vous a décidé.

— Cette cassette? fit l'avocat en pâlissant.

— Je la connais mieux que vous, je la connais mieux que la princesse elle-même, dit Giacomo en la prenant. Votre part était là, dit-il en l'ouvrant, pendant que le duc et l'avocat le regardaient avec stupéfaction. Celle de M. de N... était ici, ajouta-t-il en faisant sauter le double fond avec la pointe de son couteau, et en tirant de la cassette un magnifique collier de diamans qu'il présenta à M. de N... La princesse m'a chargé de le lui remettre pour le remercier du silence qu'il gardera sur tout ceci.

Ainsi que nous l'avons dit, le grand art de Giacomo était de tirer parti, avec une présence d'esprit et une rapidité merveilleuse, de la moindre circonstance qui se présentait à lui. L'aspect de cette cassette qu'il avait donnée à sa mère et dont il connaissait le secret lui avait expliqué cette phrase où Armande avait dit que ce n'était point par générosité qu'avait été sauvée la princesse de Puzzano. Cependant la manière dont Giacomo attaquait la probité du duc de N... eût pu être dangereuse s'il n'avait commencé par le frapper d'étonnement ainsi que Barati, en leur révélant ce qu'il savait de leurs secrets, de manière à leur faire croire qu'il en était instruit tout à fait. Giacomo n'eut pas plus tôt vu le regard avide que M. de N... attacha sur le collier, qu'il comprit l'individu auquel il avait à faire. Quelques refus, quelques grimaces que pût lui opposer la fierté de M. le duc, il était sûr d'avoir touché à l'endroit faillible de sa personne, et il continua aussitôt :

— Ainsi donc, maître Barati, ne faisons pas de phrases sur le passé, que je connais aussi bien que vous, et parlons du présent. Où en est le parlement de ses informations sur le prince de Puzzano ?

— Mais, dit Barati, qui parlait comme un homme qu'on mettrait en présence d'un être surnaturel, il paraît qu'on est informé de l'arrivée prochaine du prince.

— Je viens de vous dire qu'il était arrivé.

— Mais est-il arrivé avec son équipage ?

— Vous interrogez, maître Barati, et vous ne répondez pas.

Barati jeta un nouveau regard sur le duc.

— Mais M. le duc est des nôtres, vous dis-je, dit Giacomo, car s'il ne trouve pas la chaîne qui le lie à nous assez solide, on peut l'allonger de quelques rangs des perles du plus bel Orient.

— Mais, monsieur !... s'écria le duc.

— Le galion dont le prince de Puzzano s'est emparé à la hauteur des Canaries en avait une admirable provision, fit Giacomo.

Le mot galion voulait dire alors vaisseau chargé d'or, et cette désignation ouvrait un immense champ aux espérances que pouvait concevoir un homme dont on avait besoin de payer le silence. Ce mot fut d'un effet si puissant que le duc le répéta et dit :

— Il s'est emparé d'un galion !

Ce mot de surprise ravie fut accompagné d'un geste machinal par lequel le duc mit le collier dans sa poche. Giacomo le vit et reprit aussitôt :

— Ne vous inquiétez pas, maître Barati, de ce que le prince a fait de son équipage; il l'a mis en lieu de sureté; mais ce que je vous demande, c'est où en est le parlement relativement à certaines intrigues contre l'état et la religion, et dans lesquelles....

C'était là le point sur lequel Giacomo voulait être éclairé, et sur lequel il ne pouvait avouer son ignorance après s'être montré comme le possesseur des secrets de tout le monde. Barati lui répondit aussitôt :

— Mais vous savez bien ce qui en est. Toute exilée qu'elle soit, la princesse de Puzzano appartient par ses alliances à des familles qu'on ne peut attaquer sans raison. On a profité de quelques visites faites à la princesse par un petit gentilhomme de la montagne, un certain baron de la Roque, qu'on croit en relations très directes avec les protestans des Cévennes qui veulent prendre occasion, dit-on, de la mésintelligence qui vient d'éclater entre le roi et le pape au sujet de la déclaration du clergé de France (1), pour relever la tête. A ce propos, on a prétendu que la princesse se mêlait de leur projet de révolte ; mais il n'en est rien, vous le savez.

— N'importe, dit Giacomo, en fait d'accusations de crime contre la religion, il n'y a jamais trop de précautions à prendre, et ç'a

---

(1) Cette déclaration portait comme premier principe : « 1º Que le peuple n'a aucune autorité sur le temporel des rois ; 2º que les conciles sont au-dessus des papes, » etc. Innocent XI refusa de reconnaître cette déclaration. De là la mésintelligence dont parle Barati.

été une imprudence à la princesse de recevoir le baron de la Roque.

— C'est une affaire finie, tout à fait finie, dit Barati; le baron est retourné dans son château. Mais je suis de votre avis, je pense que la princesse fera bien de s'abstenir de le voir, maintenant qu'ils demeurent à peu de distance l'un de l'autre. Mais il y a une chose à laquelle elle doit faire une grande attention: vous savez que le prince, qui a été condamné pour s'être livré aux sciences occultes, avait gardé un laboratoire chez sa mère.

— Nous sommes en France, dit Giacomo, et l'ordonnance du roi qui abolit les poursuites contre les sorciers prouve que l'on ne peut considérer cette occupation comme un crime.

— Sans doute, dit Barati, mais l'existence d'un laboratoire de chimie n'en serait pas moins dangereuse.

Giacomo ne comprenait pas, mais il n'osait questionner, lorsque le duc reprit dans l'intention de faire de l'esprit :

— Maître Barati a raison, le roi vient d'instituer des chambres ardentes pour découvrir et poursuivre tous les crimes d'empoisonnement qui infestent la France, et messieurs de la robe sont trop jaloux de gagner les gros honoraires que leur rapportent de pareils crimes pour ne pas voir une fabrique de poison là où ils rencontreraient une cornue ou un alambic.

Ces paroles firent sur Giacomo un effet extraordinaire ; elles reportèrent son souvenir à la calomnie dont il avait été l'objet et qui avait montré comme l'empoisonneur de son père, et il murmura sourdement :

— Ah ! c'est bien partout la même justice aveugle et féroce ! N'importe ! reprit-il, la princesse de Puzzano aura soin d'éviter qu'un pareil soupçon puisse l'atteindre.

Puis il garda le silence. Barati, qui avait deviné que cet homme n'était pas ce qu'il paraissait, reprit la parole et lui dit alors :

— Est-ce tout ce que vous désirez savoir?

Giacomo pensait à ce moment à la promesse qu'il avait faite à Armande, et il se trouvait très embarrassé de tenir sa parole; cependant la question de Barati demandait une réponse. Ce fut à ce moment que, poussé par son esprit aventureux qui se plaisait aux intrigues les plus compliquées, le prince répondit :

— C'est tout ce que je désirais savoir, en effet, monsieur, mais ce n'est pas tout ce que j'avais à vous dire. Vous voulez épouser mademoiselle de Lostanges, n'est-ce pas?

— C'est une chose que tout le monde sait.

—Mais une chose que tout le monde sait aussi, c'est qu'elle est fort opposée à ce mariage.

—Caprice de jeune fille! dit Barati avec humeur.

— Caprice qui n'avait pas craint de s'adresser à M. le duc pour rompre ce projet d'union.

—Auquel je ne m'oppose plus, dit M. de N....

— Mais auquel un autre s'oppose, dit Giacomo.

— Et cet autre? dit Barati.

A ce moment le visage de Giacomo prit une singulière expression de gaîté ironique et répondit :

— Cet autre est un gentilhomme d'assez bonne mine, monsieur, un gentilhomme qui porte assez cavalièrement son épée et qui s'intéresse infiniment à la belle mademoiselle de Lostanges.

— Je le connais, dit Barati.

— Je ne crois pas, répartit Giacomo.

— Il serait étrange, dit le duc, que M. Barati ne le connût pas, puisqu'ils ont eu ensemble une rencontre et que le pauvre garçon est couché dans son lit depuis ce moment.

— C'est qu'il y en a un autre, dit Giacomo en riant.

— Un autre ! répéta Barati.

— Un autre, maître, dit Giacomo, qui m'a chargé de vous dire que si vous vous présentiez demain à l'hôtel de M. de Lostanges pour y signer le contrat, vous pourriez bien en sortir pour aller à l'église, et en ce cas on n'y dirait pas une messe de mariage, mais une messe des morts.

— Vous pouvez répondre de ma part à celui

qui vous a chargé d'un pareil message, dit Barati d'un ton ferme, que j'irai demain à l'hôtel du président et que je resterai une heure devant sa porte pour y attendre quiconque voudra m'y parler.

— Mon petit monsieur, dit Giacomo, si celui dont je vous parle voulait vous faire l'honneur de se mesurer avec vous, il ne m'aurait pas chargé de vous arrêter, et il serait venu lui-même; mais il a d'autres moyens de se débarrasser d'une poursuite qui lui déplaît.

— Un assassinat! s'écria Barati.

—Il serait homme à ne pas s'en épouvanter, dit Giacomo, si vous le forcez à en venir là;

mais il pense que vous serez assez accommodant pour entendre les raisons qu'il m'a chargé de vous dire.

— Monsieur, fit Barati, je ne puis ni veux rien entendre à ce sujet. J'aime mademoiselle de Lostanges, j'ai la parole de son père, et elle sera à moi, ou bien j'y périrai.

La résolution de Barati fit sourire Giacomo, qui repartit gaîment :

— Eh bien ! maître Barati, puisque vous poussez les choses si loin et que vous braverez la mort plutôt que de renoncer à mademoiselle de Lostanges, vous serez épargné de votre personne, je vous le promets, et cependant vous n'épouserez pas cette belle demoiselle.

— C'est ce que nous verrons.

— C'est tout vu, dit Giacomo. Je reconnais avec plaisir qu'il n'y a pas moyen de vous faire peur ; vous nous forcerez donc à vous faire tort.

— Je méprise vos menaces, dit Barati.

— Tout beau, maître avocat, reprit Giacomo ; quand on se fait payer les services au prix que vous y mettez, on n'a droit de mépriser que soi-même. Réfléchissez à ce que je viens de vous dire, et si demain, au point du jour, une lettre de vous n'a pas rompu ce mariage, vous verrez s'accomplir en votre présence la promesse qui a été faite à mademoiselle de Lostanges de rompre son mariage avec vous.

Quant à vous, monsieur le duc, j'aurais quelque mots à vous dire en particulier. Veuillez me suivre.

Le duc se montra plus empressé que l'avocat, et Giacomo et lui se retirèrent de chez Barati. Celui-ci était confondu de ce qui lui arrivait, mais bien décidé à braver les menaces qui lui étaient faites.

A peine Giacomo et le duc furent-ils seuls,

que notre aventurier, avec cet esprit d'audace qui le caractérisait, lui dit :

— Vous ne m'avez pas deviné, monsieur le duc?

— En vérité, répartit celui-ci, à moins que vous ne soyez le prince de Puzzano lui-même, je ne vois pas qui vous pouvez être.

— Monsieur le duc, répartit Giacomo, vous avez touché juste, et je suis charmé que vous m'ayez mieux compris que ce robin ; c'est me faire espérer que nous pourrons nous entendre tout à fait.

Le duc hésita à répondre, et le prince continua :

— Vous avez vu ma mère, n'est-ce pas? Vous connaissez ma sœur ?

—Oui vraiment, dit le duc avec un empressement qui prouva à Giacomo que ce n'était pas indifféremment qu'il l'avait vue.

— Vous portez un noble nom, dit Giacomo; mais il manque à ce nom un éclat que vous ne pouvez lui donner. Un mariage avec une riche héritière pourrait lui rendre cet éclat. Léonore est belle.

— Sans doute, dit le duc, et si je n'écoutais que mes sentimens...

— Elle est riche, dit Giacomo, et riche d'une fortune qui peut vous plaire mieux qu'aucune autre; car il ne sera pas nécessaire d'en rendre compte, par cela même qu'il est impossible de la constituer au nom de Léonore. Car si on le faisait, on s'enquerrait d'où elle vient, et les renseignemens seraient difficiles à donner.

— Je vous comprends, dit le duc.... ce serait...

— Le jour de la signature du contrat, deux millions vous seront remis, et vous reconnaîtrez seulement à ma sœur un douaire de cent mille écus. Cette affaire vous convient-elle?

— A merveille.

— Eh bien donc, soyez à Mirepoix demain soir, je vous y retrouverai, car il faut que demain matin je tienne ma parole à monsieur Barati.

— Vous voulez donc empêcher ce mariage?

— Je l'ai promis à mademoiselle de Lostanges.

— Comment la connaissez-vous?

— C'est mon secret. A demain donc à Mirepoix.

— A demain soir.

— Un mot encore. Cette Armande est-elle belle?

— D'une beauté admirable; mais puisque vous lui avez fait cette promesse, vous la connaissez.

— Je ne l'ai jamais vue, dit Giacomo.

— Vous plaisantez.

— Oubliez-vous que j'ai des rapports avec

les esprits surnaturels? dit Giacomo en riant.

— Cela m'inquiète peu, dit le duc; mais je n'oublie pas que les soupçons sont éveillés sur votre compte, et que c'est une grande imprudence à vous de vous mêler d'une affaire qui, au fond, vous est indifférente.

— Et voilà ce qui m'en charme, dit Giacomo. Et puis... vous m'avez dit que cette Armande est belle. Adieu, et à demain.

A ces mots, Giacomo s'éloigna et se retira dans la maison où plus tard devaient se passer les événemens que nous avons racontés.

IX

Le lendemain de l'explication qui avait eu lieu chez Barati, le jeune avocat partit de sa maison en habit de fête et accompagné d'un domestique sur la fidélité duquel il pouvait compter. Lui-même avait caché un long couteau sous ses vêtemens, et il s'était assuré dans sa résolution de répondre à la menace par l'emploi de la force. Durant le trajet de sa maison à celle du président de Lostanges, Barati marcha toujours l'œil au guet et surveillant l'allure, les pas, le geste et jusqu'à l'expression du visage de tous ceux qui passaient près de lui.

Cependant il ne fit aucune rencontre qui pût lui faire soupçonner que les menaces de la veille dussent s'accomplir, du moins par des moyens de violence. Seulement, en arrivant à l'hôtel de M. de Lostanges, il aperçut, assis sur l'un des bancs qui bordaient la porte, un homme qui se leva à son aspect et qui le salua avec une singulière expression d'ironie. Barati put croire que cet homme ne donnait cette expression à son salut que par le singulier rapprochement de ce qu'il était lui-même et de l'acte qu'allait faire Barati. Expliquons-nous.

Cet individu était le tisserand Vergnes, jeune alors, mais ouvrant déjà sa maison aux gais soupers des étudians de l'Université et aux folles orgies des officiers. Comme tous ses condisciples, Barati avait hanté cette maison, et il n'était pas étonnant que Vergnes sourît en rencontrant un de ses anciens habitués entrant gravement dans le logis de sa fiancée pour y signer son contrat de mariage.

D'un autre côté, la présence de Vergnes à la porte de M. de Lostanges n'avait rien d'étonnant, celui-ci ayant la haute surveillance de la police municipale, exercée alors par les capitouls.

Toutefois et malgré toutes ces raisons explicatives de la présence de cet homme et de la façon dont il salua le jeune avocat, celui-ci fut alarmé de cette rencontre au point qu'il s'arrêta sur le seuil de la porte et qu'il suivit des yeux le tisserand pendant que celui-ci s'éloignait avec rapidité. L'alarme de Barati devint même si vive qu'il expédia son domestique à la poursuite de cet homme et qu'il entra seul dans l'hôtel de Lostanges.

Quel que fût à cette époque le rigorisme apparent et souvent réel des mœurs de la magistrature, nul père de famille ne s'imaginait cependant, en mariant sa fille à un jeune homme de vingt-cinq ans, la donner à un innocent qui n'eût pas quelques légères folies à se reprocher. Mais ce que le père de famille sait dans le fond du cœur, ce qu'il feint d'ignorer et qu'il pardonne, peut devenir un empêchement insurmontable si ces folies se produisent avec scandale, surtout si elles viennent à être reprochées à un prétendu en face d'une fiancée qui ne demande pas mieux que de considérer comme un crime irrémissible ce qu'en général les femmes pardonnent assez aisément, c'est-à-dire un peu de galanterie passée.

Pendant qu'il montait à pas lents l'escalier de l'hôtel, Barati, troublé malgré lui de la présence de ce Vergnes, repassait dans sa tête tous les torts dont on pouvait l'accuser; il se creusait le cerveau pour se rappeler si par hasard il n'aurait pas laissé dans les mains de cet homme le mémoire non acquitté de quelque joyeuse nuit, et sûr d'avoir parfaitement mis toutes ses affaires en règle de ce côté, il s'irritait de l'épouvante qu'il éprouvait et qu'il n'avait pu vaincre.

Lorsqu'il entra dans le salon de son futur beau-père, celui-ci, sa femme, sa fille et quelques amis s'y trouvaient déjà. L'accueil de M. de Lostanges fut celui d'un homme ravi de voir arriver un jour long-temps désiré. Il paraissait sûr du succès. Madame de Lostanges parut très embarrassée à Barati, et Armande le reçut d'une façon triomphante. Son regard, son sourire, respiraient une aisance et une liberté qui ajoutèrent aux alarmes de Barati.

Mais il était de ces hommes dont le courage et la ténacité grandissaient en face du danger; il jeta un coup d'œil rapide autour de lui, et il ne rencontra que des visages tout à fait de circonstance, et il se dit que le danger n'était pas encore présent, quoique Armande eût sans doute été avertie que l'on devait lui venir en aide.

Après les complimens d'usage et les félicitations obligées, Barati tira de dessous son habit un portefeuille assez volumineux, et le donnant assez négligemment au notaire assisté d'un jeune clerc, il lui dit :

— Je vous prierai, maître, de vérifier la somme contenue dans ce portefeuille et qui constitue mon apport dans ce mariage. Vous y trouverez deux cent vingt mille livres en billets de garantie sur l'hôtel des Monnaies, ce qui peut être échangé à l'instant contre des espèces. Les deux cent mille livres seront consignées au contrat. Quant aux vingt mille livres, je désire les offrir comme un don d'amour à mademoiselle de Lostanges, pour en user à son gré, pour sa parure et ses plaisirs.

Barati avait compté grandement sur l'effet

de cette libéralité princière, et elle l'était tout à fait pour l'époque. Il ne fut pas trompé dans son attente. Toutes les personnes présentes se récrièrent ; madame de Lostanges adressa à sa fille un regard qui voulait dire :

« Mon enfant, il n'y a guère de maris de cette espèce, prenez-y garde. »

Et Armande elle-même fut très embarrassée, regarda Barati à la dérobée et se dit qu'il serait fort bien sans cet horrible habit noir qu'elle avait en horreur, et qu'avec un tel époux une femme aurait les plus brillans atours.

Mais à quoi bon ces atours pour n'être que la femme d'un avocat, pour vivre dans le monde de la robe, monde avare, pédantesque, régulier, auquel les salons de la noblesse et ses plaisirs charmans et pleins de liberté étaient interdits? Mieux valait encore être la femme d'un pauvre gentilhomme qui lui donnerait accès dans ces réunions dont elle rêvait depuis qu'elle rêvait. Ce retour à ces idées ambitieuses effaça rapidement l'effet qu'avaient produit les vingt mille livres, et l'on commença la lecture du contrat de mariage.

Cette lecture, nous devons le dire, expliquait la préférence de M. de Lostanges pour Barati, et la ferme volonté qu'il avait apportée à l'accomplissement de cette union. Comme les clauses de ce contrat seront un commentaire explicatif et peut-être justificatif de quelques événemens qui nous restent à raconter, nous demanderons à nos lecteurs la permission de leur en rapporter les principales : 1° et pour faire comprendre l'intérêt qu'avait M. de Lostanges à ce mariage, nous dirons que la dot qu'il constituait à sa fille n'était que de quinze mille livres, tandis que l'apport de Barati était de deux cent mille ; 2° l'apport de Barati retournait à sa femme en cas de prédécès du mari, et même en cas d'existence d'enfans ; et cet apport lui revenait comme *propre*, c'est-à-dire avant le droit des enfans, s'il y en avait, et sans que la famille de Barati pût jamais y rien prétendre.

Voilà pour les intérêts de la famille de Lostanges. Quant à ceux de Barati, ils consistaient en une donation pleine et entière de tous les biens de M. de Lostanges à sa fille, mais seulement dans le cas d'existence d'enfans nés du mariage de Barati et d'Armande. Dans le cas contraire, Armande n'avait qu'un usufruit, et les biens retournaient aux neveux de M. de Lostanges.

La publication du Code civil n'a pas tellement abrégé les formules des actes notariés que ce ne soit encore une chose fort volumineuse qu'un contrat de mariage fait en dehors du droit vulgaire; on doit penser par conséquent qu'à une époque et dans un pays qui vivait sous la loi romaine, amendée par des coutumes particulières et flanquée de bon nombre de dispositions de la loi visigothe, un contrat de mariage, d'ailleurs en dehors lui-même de tous les usages reçus, fût un acte d'une longueur démesurée. Aussi la lecture durait-elle depuis plus d'une heure, et cependant rien ne venait annoncer que cette lecture dût être troublée par aucun accident.

Barati reprenait courage et Armande commençait à se troubler ; on le voyait aux regards fréquens qu'elle portait sur l'horloge placée dans un coin du salon de son père. Il lui semblait que le notaire dévorait les pages du contrat, tandis que Barati avait toutes les peines du monde à ne pas crier à celui-ci de hâter son débit lent et monotone.

Cependant, la lecture continua, le contrat

fut achevé et il ne resta plus que les signatures à apposer. Comme il arrive après une longue séance où chacun est resté immobile sur son siége, tout le monde se leva, et l'on alla des uns aux autres pour se faire ces complimens de parade qui n'ont absolument aucun sens. Armande ne quittait pas la porte des yeux, on eût dit qu'elle évoquait le libérateur inconnu qu'elle attendait et qui ne paraissait pas.

Cependant la plume fut présentée à M. de Lostanges et à sa femme, qui signèrent; elle fut présentée à Barati, qui signa, et ce fut enfin le tour de mademoiselle de Lostanges ; tout le monde se tourna vers elle, car on savait son opposition à ce mariage. Elle prit la plume en jetant un regard désolé autour d'elle, et marcha en tremblant vers la table ; mais au moment où elle s'en approchait, elle s'arrêta, les yeux fixés devant elle.

— Signez donc, ma fille ; signez, lui dit durement son père.

Armande, confondue, ne put répondre que ces mots :

— Où cela ?

— Au contrat que voici, dit M. de Lostanges.

Mais lui-même demeura confondu en voyant un gros cahier de papier blanc sur la table. Le contrat avait disparu.

Le fait était presque surnaturel. En effet, il n'y avait dans le salon que la famille de Lostanges, trois ou quatre amis, le notaire, son clerc et Barati. On peut aisément s'imaginer l'effet que dut produire cette disparition sur tous les acteurs de cette scène, mais particulièrement sur Barati, qui croyait tout danger passé, et sur Armande, qui n'espérait plus aucun secours.

Le premier mouvement fut de regarder sous la table à droite à gauche, le second d'interroger toutes les figures présentes sans que personne osât dire à un autre :

— Est-ce vous qui avez pris le contrat?

— C'est une sotte plaisanterie, s'écria cependant Barati pâle de rage, et comme il n'y a qu'une des personnes ici présentes qui ait pu la faire, je la prie de ne pas la prolonger de manière à ce que j'y voie une insulte.

Un chorus universel disant : « M. Barati a raison, qu'est-ce qui a pris le contrat? » ne fit qu'accroître l'embarras de tout le monde, car c'était une excuse pour tous. Cependant le notaire s'inquiétait et il appréhenda son clerc en lui disant :

— Vous n'avez pas quitté la table des yeux, vous n'avez pas dû la quitter : qui est-ce qui a pris ce contrat? dites-le sur le champ, car j'aime à croire que ce n'est pas vous qui avez eu cette audace insolente.

Le clerc jura ses grands dieux qu'il était parfaitement innocent de la soustraction.

— D'ailleurs, ajouta-t-il, je n'ai pas quitté le salon, il vous est loisible de me fouiller et vous verrez si j'ai le contrat, car enfin je n'ai pas pu l'avaler.

Barati se connaissait déjà trop bien en coupables pour que la manière dont ce jeune homme se défendait ne lui eût point paru suspecte. L'offre de se faire fouiller était de celles que ne manquent jamais de faire les voleurs lorsqu'ils ont mis l'objet volé en lieu de sûreté.

Barati passa vivement derrière le jeune homme et ouvrit une petite porte cachée par une portière qui était derrière la table où était assis le notaire. Il se baissa vivement, et montrant une feuille volante sur laquelle le notaire avait pris des notes, qui était restée dans le contrat et qui avait dû s'en détacher à l'instant où il aurait été enlevé, il la montra à tout le monde en s'écriant :

— Voici par où le contrat a passé.

— Et voici par où il rentre ! répondit la voix d'un homme qui avait ouvert la porte opposée du salon sans que personne s'en aperçût dans le trouble de cette scène.

Tout le monde tourna les yeux de ce côté et l'on vit un homme d'une haute taille, d'une physionomie imposante et d'une attitude hautaine. Il était richement vêtu d'un costume à l'espagnole couvert de broderies et garni de boutons de diamans; une résille de soie retenait ses longs cheveux noirs, et un poignard d'une magnificence rare brillait à sa ceinture. Indépendamment de cela, il portait une rapière, arme passée de mode, mais dont le luxe était d'accord avec la somptuosité étrange du costume de l'inconnu. Armande le regarda avec une joie qui se changea bientôt en une admiration craintive pour la beauté singulière de cet audacieux personnage. Tout le monde demeura stupéfait en voyant cet homme s'annonçant avec cette audace et tenant dans la main le contrat si singulièrement disparu.

Quant à Barati, il pâlit et son visage se contracta d'une expression de rage en reconnaissant dans celui qui lui apparaissait d'une façon si intempestive le muletier qui la veille avait si lestement raconté à quel prix Barati avait rendu des services à la princesse Puzzano et qui lui avait juré de rompre son mariage avec mademoiselle de Lostanges.

Mais la scène qui se passa alors mérite qu'on lui consacre un chapitre particulier.

FIN DU TROISIÈME VOLUME.

sous presse
CHEZ LES MÊMES ÉDITEURS,
POUR PARAITRE EN MAI.

UN COQUIN D'ONCLE

PAR M. FRÉDÉRIC THOMAS;

2 vol. in-8º. — 15 fr.

DEUX TRAHISONS

PAR AUGUSTE MAQUET.

Paris.—Imprimerie de Boulé et Cⁱᵉ, rue Coq-Héron, 3.

www.ingramcontent.com/pod-product-compliance
Lightning Source LLC
Chambersburg PA
CBHW050251170426
43202CB00011B/1640